中国经济为什么行

人民日报社理论部 编

人民出版社

策划编辑：郑海燕　陈　登
责任编辑：陈　登　郑海燕
封面设计：吴燕妮
责任校对：吕　飞

图书在版编目（CIP）数据

中国经济为什么行 / 人民日报社理论部　编 . － 北京：人民出版社，2015.5

ISBN 978 － 7 － 01 － 014700 － 0

I. ①中… 　II. ①人… 　III. ①中国经济 － 研究 　IV. ① F12

中国版本图书馆 CIP 数据核字（2015）第 057047 号

中国经济为什么行

ZHONGGUO JINGJI WEISHENME XING

人民日报社理论部　编

人民出版社 出版发行

（100706　北京市东城区隆福寺街 99 号）

环球印刷（北京）有限公司印刷　新华书店经销

2015 年 5 月第 1 版　2015 年 5 月北京第 1 次印刷

开本：710 毫米 × 1000 毫米 1/16　印张：15.25

字数：176 千字　印数：00,001 － 10,000 册

ISBN 978 － 7 － 01 － 014700 － 0　定价：39.00 元

邮购地址 100706　北京市东城区隆福寺街 99 号

人民东方图书销售中心　电话（010）65250042　65289539

前　言

习近平同志指出:"中国共产党人能不能打仗,新中国的成立已经说明了;中国共产党人能不能搞建设搞发展,改革开放的推进也已经说明了。"中国共产党人干革命行,搞建设也行,这已为事实所证明、为世人所公认,但理论上的分析和说明还很不够。特别是今天,如何科学认识我国经济发展新常态?如何抓住新机遇、应对新挑战,适应和引领新常态,进而把中国奇迹不断延续下去?对于这些问题,人们非常急切地希望得到权威解答和科学指引。

当代中国正处于一个大发展、大变革的时代。根据世界银行的数据,1980年到2013年,按照不变价计算的全球GDP增长2.3倍,而中国GDP增长21.4倍,占全球经济的比重由1.7%提高到12.3%,仅次于美国位居全球第二。到2014年年末,按照市场汇率计算,中国经济总量超过10万亿美元,比法国、德国和意大利三国经济总量之和还要多,是日本的两倍。中国经济增长不断超出最乐观的预期。从人均水平看,1978—2013年这35年,中国人均GDP实际增长17倍多,超过历史上任何国家增长最快时期一代人经历过的生活水平改善幅度。发达国家历史上经济增长最快的时期,平均来说一个人终其一生实现的生活水平改善幅度，英国只有 56%，美国大约为 1 倍，日本也仅为 10 倍。美国经济学家萨默斯曾这样感慨：300 年之后的历史学家，一定不会忘记大书特书这一前所未有的中国奇迹。

当代中国正处于一个大调整、大转变的时代。近两年，中国经济进入增长速度换挡期、结构调整阵痛期、前期刺激政策消化期"三期叠加"阶段，经济发展进入新常态，呈现出一系列新变化、新特征，需要一系列新转变、新调整：经济增长速度由过去近两位数的高速增长转向中高速增长；经济增长动力由要素驱动、投资驱动转向依靠技术进步和劳动生产率提高的创新驱动；经济增长结构由以工业为主转向以服务业为主，对外开放中"高水平引进来、大规模走出去"同步进行；经济工作重点由过于看重经济增长速度转向更加重视经济增长质量和效益。

身处这样的大时代，必须解答大问题、作出大抉择。如何解释中国经济大发展、大变革？如何应对中国经济大调整、大转变？或者说，中国为什么能创造这样的经济奇迹？中国奇迹能不能延续下去，怎样延续下去？这些问题关系我们国家和民族的发展，涉及每个人的切身利益，也是理论研究的富矿、学术创新的大问题。

在本书中，十几位知名专家学者对这些问题进行了集中阐释和回答。针对"中国经济为什么行"的问题，每位学者聚焦于一个方面或一个领域，深入解析下去，力求给出科学合理而富有启发的解释。具体说，主要是从总体布局、农业基础、支撑要素、包容发展、渐进改革、市场机制、宏观调控、对外开放以及党的领导、政府作用、发展战略等方面，深入解析中国奇迹的根由；针对中国经济发展新常态下的趋势性变化和应对之策，主要是从正确看待经济增速之变、阻止经济下行的力量、新常态下的新亮点新机遇、新常态发展的主动力、实施创新驱动发展战略以及新科技革命、新型城镇化、新经济增长点等角度进行分析展望，着力回答"中国经济现在怎么样、将来还行不行"的问题。相关文章站位高、把握准、阐释新，有助于人们认清形势、把握趋势、顺应大势，进而在社会发展、时代变化中找准定位、创造价值。

本书汇聚众多专家学者的智慧，聚焦一个主题多侧面、深层次进行解析。这样既可以发挥每位作者的研究专长，保证有关问题的研究阐释代表相关领域最高水平，又可以系统解析中国奇迹、全面阐释中国经济发展。我们希望本书的出版有助于读者对"中国经济为什么行、现在怎么样、将来还行不行"形成较为科学和全面的认识。

目　录

中国经济为什么行

中国经济为什么行

不断完善建设总布局

贾 康 程 瑜[*]

导语： 经济建设是中国特色社会主义建设总布局的一个方面，经济建设成就的取得与总布局的其他方面密不可分。正是因为我们没有只搞经济建设，而是从"三位一体"到"四位一体"再到"五位一体"，在经济发展水平不断提高的同时推动中国特色社会主义事业全面发展，才创造了令世人惊叹的经济奇迹。

在中国特色社会主义建设如何进行总布局这一重大战略问题上，中国共产党和中国人民进行了长期不懈的探索与实践。从"三位一体"到"四位一体"，再到党的十八大提出的"五位一体"，中国特色社会主义事业总布局日趋全面、协调和丰富。从强调追求经济现代化发展，到强调实现包含经济、政治、文化、社会、生态文明建设在内的更为全面的现代化，标志着我们党对社会主义现代化

* 贾康：财政部财政科学研究所研究员，华夏新供给经济学研究院院长。
程瑜：财政部财政科学研究所研究员。

建设规律和人类社会发展规律的认识不断深化。

一、从"三位一体"到"五位一体"的发展历程

在改革开放之初，于指导思想拨乱反正的基础上，明确形成了"以经济建设为中心"的党的基本路线。其后，1986年召开的党的十二届六中全会，首次提出"以经济建设为中心，坚定不移地进行政治体制改革，坚定不移地加强精神文明建设"的总体布局。在经济与社会转轨过程中，全党和全国人民紧紧围绕经济建设这个中心任务，努力实现经济、教育、科技、文化的繁荣和发展，使人民生活水平逐步提高，"政治文明"建设也于探索中渐进。此后党的十三大、十四大、十五大、十六大都延续了经济建设、政治建设、文化建设"三位一体"的中国特色社会主义事业的总布局，成为很长一段时间中国特色社会主义建设的重要战略部署和基本框架设计。

改革开放促进了生产力和国民经济的快速发展。然而，在经济发展的生机和活力得到激发、"黄金发展期"特征显现的同时，也出现了社会分层加剧、社会组织活跃和资源环境、收入分配等方面的矛盾有所凸显的新情况。鉴于此，2006年召开的党的十六届六中全会提出了构建社会主义和谐社会的重大任务。建设和谐社会，既要承认不同利益群体有不同的利益追求，又要能够"和而不同"地在中间实现一种平衡，使大家各尽其能、各得其所而又和谐共处。以社会管理创新为核心的社会建设被提到新的高度，这是对中国特色社会主义事业的丰富、发展和理论创新，中国特色社会主义事业总布局由经济建设、政治建设、文化建设"三位一体"，扩展

为经济建设、政治建设、文化建设、社会建设"四位一体"格局。

随着改革开放深入推进，党和国家又在强调经济、政治、文化和社会建设的同时，增加了对生态文明的重视和关注。这既是基于客观因素和国情因素的制约，又有总结经验教训、随发展阶段变化而打造"升级版"的追求。人们在实践中认识到，经济发展中的高耗能、高污染、高成本问题，以及由环境恶化引发的种种社会问题，会成为制约经济社会持续发展、影响社会和谐安定的重大拖累。鉴于此，在2012年党的十八大报告中，首次把生态文明建设摆在中国特色社会主义事业总布局的高度，明确提出经济建设、政治建设、文化建设、社会建设、生态文明建设"五位一体"的战略部署，从而极大地丰富了治国施政的理念与原则，实现了建设中国特色社会主义理论认识的又一创新突破。

从"三位一体"到"四位一体"再到"五位一体"的发展历程，是中国共产党人对社会主义建设实践经验的科学总结，是对中国特色社会主义理论体系的进一步完善，是科学发展观在我们党执政实践中的不断深化与拓展，是中国共产党执政为民理念丰富发展的具体体现，全面适应了新世纪新阶段我国改革开放和社会主义现代化建设进入关键时期的客观要求，充分体现了广大人民群众的根本利益和共同愿望，深刻反映了中国共产党对社会主义建设规律的新认识。

二、"五位一体"总布局的内涵与内在联系

从人类的文明发展史来看，人类社会经历了原始文明、农业文明和工业文明三大阶段，在文明发展的演变过程中，人类也由大自

然的敬畏者、膜拜者转变为征服者和统治者。从总体上来说，在原始文明时代和农业文明时代，人与自然的关系大体是和谐的，人对自然资源的索取与开发使用远未达到环境承载力的上限，局部性的生态灾难也还不足以引起人们的普遍担忧和恐慌。但是，当西方开始的工业革命把人类带入工业文明之后，利用飞速发展的科学技术和生产力大大提高了改造和利用自然的能力，挥舞起征服自然之剑，在创造巨大物质财富的同时，也造成了资源环境前所未有的污染与破坏，直至形成严重的生态危机，人类为此也付出了惨重的代价，遭到了大自然的无情报复，环境污染、资源短缺、物种灭绝日甚一日。"不以伟大的自然规律为依据的人类计划，只会带来灾难。"[①] 当人类尝到工业革命带来的生态危机的苦果之后，一些"先知先觉"的学者开始关注人与自然的关系。《寂静的春天》[②] 的问世，更是唤起了人们的环保意识，引发公众对环境问题的高度关注，也促进了西方生态政治运动的兴起。

从世界范围看，西方发达国家所走过的"先污染后治理、以牺牲环境换取经济增长"的道路，造成了严重的生态恶化和环境危机，带来的损失显性化之后，促使环境保护问题被提到各国政府面前，各种环保组织也纷纷成立，也促使联合国于 1972 年 6 月 12 日在斯德哥尔摩召开"人类环境大会"，由各国签署了《人类环境宣言》，开始了环境保护运动及事业。保护生态环境，加强污染治理，

---

① 《马克思恩格斯全集》第 31 卷，人民出版社 1972 年版，第 251 页。

② 《寂静的春天》是一本引发了全世界环境保护事业的书，作者是美国海洋生物学家蕾切尔·卡逊，于 1962 年出版。书中描述人类可能将面临一个没有鸟、蜜蜂和蝴蝶的世界。正是这本不寻常的书，在世界范围内引起人们对野生动物的关注，唤起了人们的环境意识，也将环境保护问题推到了各国政府面前。

实现可持续发展，已成为全人类的共同心愿，也是世界各国的共同责任。中国作为世界最大的发展中国家，目前总体而言正处于工业化初中期，但已同样面临严重的资源和生态环境挑战。当务之急，是如何避免全面重蹈发达国家"先污染、后治理"的覆辙，抓紧由传统工业文明向生态文明的转变，走出一条新型工业化道路和绿色发展道路。

从国内形势看，改革开放以来，我国经济快速发展，创造了举世瞩目的成就。但发展中付出的资源、环境代价较大，发展不平衡、不协调的矛盾日益凸显，与我国基本国情中的一些相关因素形成能源—环境压力的叠加：第一，我国约94%的人口聚居于仅占43%左右国土面积的"黑河—腾冲线"（亦称"胡焕庸线"）的东南方，使能源消耗、环境污染压力呈现"半壁压强型"；第二，我国基础能源主要是国内储量丰富的煤炭，目前全国电力供应中约80%是需要烧煤的火电，而煤的清洁化使用难度高，大气污染等负面效应突出；第三，前几十年，我国在特定发展阶段形成了重化工业支撑的超常规、粗放式、外延型快速发展模式，单位GDP能耗高，污染因素高度集中而难以有效化解。这些情况可称为我国能源—环境压力方面的"三重叠加"，也是在解决资源环境问题中辨证治理、对症下药的客观依据。如何破解发展难题，走出困境，实现良性循环，事关改革、发展中如何实现"三步走"现代化战略目标的大局。面对资源约束趋紧、环境污染严重、生态系统退化的严峻形势，必须树立尊重自然、顺应自然、保护自然的生态文明理念，把生态文明建设放在突出地位，融入经济建设、政治建设、文化建设、社会建设各方面和全过程，努力建设美丽中国，实现中华民族与人类社会的永续发展。

鉴于此，党的十八大报告把生态文明建设摆在中国特色社会主义事业总体布局的高度，明确提出"建设中国特色社会主义，总依据是社会主义初级阶段，总布局是五位一体，总任务是实现社会主义现代化和中华民族伟大复兴""全面落实经济建设、政治建设、文化建设、社会建设、生态文明建设五位一体总体布局，促进现代化建设各方面相协调，促进生产关系与生产力、上层建筑与经济基础相协调，不断开拓生产发展、生活富裕、生态良好的文明发展道路"。

对于"五位一体"总布局的具体内涵，党的十八大报告作出了清晰诠释：经济建设要加快完善社会主义市场经济体制，加快转变经济发展方式，把经济发展活力和竞争力提高到新的水平；政治建设要坚持走中国特色社会主义政治发展道路，推进政治体制改革，使我国社会主义民主政治展现出更加旺盛的生命力；文化建设要加强社会主义核心价值体系建设，全面提高公民道德素质，丰富人民精神文化生活，增强文化整体实力和竞争力，向社会主义文化强国目标前进；社会建设要努力办好人民满意的教育，推动实现更高质量的就业，千方百计增加居民收入，统筹推进城乡社会保障体系建设，提高人民健康水平，加强和创新社会管理，开创社会和谐人人有责、和谐社会人人共享的生动局面；生态文明建设要优化国土空间开发格局，全面促进资源节约，加大自然生态系统和环境保护力度，加强生态文明制度建设，努力走向社会主义生态文明新时代。

可见，"五位一体"总布局，是基于一种辩证的思想理念框架，五个方面相互影响、相互作用、相互依存、相得益彰，不可分割又各有自己的特定领域和特殊规律，彼此形成了内在的互动共荣关系。全面推进中国特色社会主义的宏伟事业，要通过发展社会主义生产力不断增强和谐社会建设的物质基础，发展社会主义民主政治不断加强和谐社会建设的政治保障，发展社会主义先进文化不断巩固和谐社会的精神支撑，并以建设和谐社会为经济、政治、文化和生态建设创造有利的社会条件，建设社会主义生态文明保障经济、政治、文化、社会的永续发展。

经济建设是根本。经济建设表现为物质生产和物质生活水平的提高和进步，它为政治建设、文化建设、社会建设和生态建设提供雄厚的物质基础，是整个社会赖以存在和发展的根本。它不仅影响着人们的政治关系、政治意识、政治行为和整个社会的政治制度等，也制约着社会的教育、科学、文化发展水平以及人们的思想道德水平。"以经济建设为中心"是兴国之要，只有推动经济持续健康发展，才能筑牢国家繁荣富强、人民幸福安康、社会和谐稳定的物质基础。改革开放以来，我国的面貌之所以发生了前所未有的巨大变化，社会文明之所以取得历史性的进步，就是因为我们坚持"以经济建设为中心"，抓住发展这个"硬道理"，才使得社会生产力上了大台阶。如果经济建设搞不上去，社会主义民主政治建设、精神文明建设、和谐社会建设就都失去了根基。因此，坚持"以经济建设为中心"这个思想，任何时候都决不能动摇。"五位一体"总布局统领下的经济建设，则更加强调把发展的硬道理升华为全面协调可持续的科学发展的硬道理，以"加快转变经济发展方式"为牵引，努力实现生产发展、生活富裕、生态良好的目的，实现国民经济"好字当头"、又好又快发展。

政治建设是保证。人民民主是我们党始终高扬的光辉旗帜，发展社会主义民主政治是我们党始终不渝的奋斗目标。它为经济建设、文化建设、社会建设和生态建设提供坚实的政治保证，是人类政治生活全面进步成果的总和，包括进步的政治观念、政治行为和政治制度等。没有民主政治建设，就不可能充分调动人民群众的主动性、创造性，就没有一个以健全法制为保障的发展环境。民主政治建设搞好了，实施"五位一体"的总布局才能有可靠保证。社会主义民主政治不仅体现为不断完善的制度规范，也表现为不断提升的政治伦理；不仅体现为井然的政治秩序，也表现为人们普遍享有的民主权利和平等关系；不仅体现为社会管理者政治上的高素质，也表现为社会成员对人类现代文明基本原则的尊重和崇尚。民主政治建设必须随着经济社会发展不断推进，努力与人民群众政治参与的积极性不断提高相适应，不断推进社会主义政治制度自我完善和发展。建设社会主义民主政治，最关键的是要坚持正确的政治方向推进政治体制改革，落实党的科学执政、民主执政、依法执政的要求。要坚持党的领导、人民当家作主和依法治国的有机统一，通过继续扩大公民有序政治参与，健全民主制度，丰富民主形式，拓宽民主渠道，不断推进社会主义政治制度自我完善和发展。

文化建设是灵魂。文化如同一个民族的血脉所联结着的"软实力"，没有社会主义文化的繁荣发展，就没有社会主义现代化。它为经济建设、政治建设、社会建设提供强大的精神动力，是人类在改造客观世界的同时改造主观世界的精神成果的总和，表现为人类思想道德和科学教育文化的发展。只有建设社会主义先进文化，提高全民族的思想道德素质和科学文化素质，才能为经济、政治、社会和生态文明建设提供思想保障、精神动力和智力支持。加强文化建设，最重要的是要着眼于形成社会主义核心价值体系，并以满足最广大人民的精神文化需求为着眼点，更加自觉、更加主动地推动文化大发展大繁荣，更好地保障人民群众的文化权益，大力培育文明风尚，大力推进文化创新，使全社会的文化创造活力充分释放、文化创新成果不断涌现，使当代中华文化更加多姿多彩、更具吸引力和感染力。

社会建设是条件。社会建设对经济建设、政治建设、文化建设和生态建设具有统合功能和辐射作用，与广大人民群众的日常生活、切身利益紧密相连，是促进经济发展、保持政治稳定、发展精神文明的重要纽带，必须摆在更加突出的位置。只有加强社会建设，发展社会事业，健全社会保障，加强社会管理，构建和谐社会，才能为经济、政治、文化和生态文明建设提供有利的社会环境和条件。社会建设水平的提升也将有力地促进和带动经济建设、政治建设、文化建设的发展，使社会主义制度在经济、政治、文化等方面的优越性更加充分地融合和体现出来。加强社会建设，最根本的是要按照民主法治、公平正义、诚信友爱、充满活力、安定有序、人与自然和谐相处的总要求，着力发展各项社会事业，不断完善"国家治理现代化"取向下结合了组织与自组织、管理与自管理的社会整合机制、社会管理机制、社会保障机制、利益矛盾协调机制、社会危机处理机制，以解决人民最关心、最直接、最现实的利益问题为重点，使经济发展成果更多体现到改善民生上。

生态建设是保障。建设生态文明，是关系人民福祉、关乎民族未来的长远大计。它为经济建设、政治建设、社会建设、文化建设提供基本的长久的保障，是以科学发展观为指导来观察人与自然以及人与人的关系，不断克服人类活动中的负面效应，积极改善和优化人与自然、人与人的关系，建设有序的生态运行机制和良好的生态环境所取得的物质、精神、制度方面成果的总和。大力推进生态文明建设，是涉及生产方式和生活方式根本性变革的战略任务，只有把生态文明建设的理念、原则、目标等深刻融入和全面贯穿到我国经济、政治、文化、社会建设的各方面和全过程，坚持节约资源和保护环境的基本国策，着力推进绿色发展、循环发展、低碳发展，才能实现经济、政治、文化、社会的可持续发展，才能实现中华民族和人类社会永续发展。

三、从总布局的渐进完善看中国共产党执政理念的三大变化

中华民族自鸦片战争面临"三千年未有之变局"以来，志士仁人反复探求如何大踏步地跟上时代、振兴中华的思路与方略。自20世纪70年代末以邓小平为核心的党中央领导集体确立改革开放大政方针、启动"三步走"现代化战略以来，中国大地上的建设中国特色社会主义和中国特色社会主义市场经济的伟大探索，形成了创新型国家与包容性增长的伟大实践。认识的每一次拓展和深化，都是我们这个世界第一人口大国在现代化进程中的接力与进步。中国共产党人在借鉴国外各经济体发展的经验并密切结合中国国情开拓创新的基础上，坚持实事求是，改革开放，不断深化对客观规律的认识，使我们关于什么是社会主义、如何发展社会主义的认识逐步深入，社会主义建设之路越走越宽，中国特色社会主义事业总布局不断丰富和完善，彰显了中国共产党人坚持把人民群众对美好生活向往作为奋斗目标、与时俱进的执政智慧与创新成效。从总布局的渐进丰富完善中，可以看出中国共产党执政为民出现的三大变化：

一是对社会主义建设规律的认识不断提高。从党的十三大至十六大的"三位一体",到十七大增加了社会建设的重要内容,形成"四位一体"布局,强调构建社会主义和谐社会的重大任务,从注重物的增长到尊重人的发展,这是在着力解决现代化进程中人与人的关系,为现代化进程提供稳定的社会架构,是科学发展的内在要求。从十七大的"四位一体"再到十八大的"五位一体",增加了生态文明建设的内容,强调为人民创造良好的生产生活环境,这是在着力一并解决现代化进程中人与自然的关系,努力使中国的现代化走上可持续发展道路,是科学发展的本质要求和升华之举,表明了党和国家将在实现当代人利益的同时,给自然留下更多的修复空间,给农业留下更多的良田,给我们的子孙后代留下天蓝地绿水净更加美好的家园。从"三位一体"到"四位一体",再到"五位一体"总布局的变化,可以看出,中国共产党人在不断总结社会主义建设经验、不断深化对社会主义建设规律认识的过程中,丰富了治国施政的方针与思路,优化了推进现代化宏伟事业的实践。

二是执政为民理念不断升华,执政能力不断提升。中国特色社会主义,所追求的既是经济发达、政治民主、文化先进的社会,也是和谐的社会,更是生态良好的社会。如何探索一条经济发展、社会和谐与生态保护相协调的发展道路,是我国社会主义建设所内含的价值目标,也考验着中国共产党的执政智慧。"五位一体"总布局的提出就是中国共产党在借鉴西方国家反思工业文明发展道路、克服我国生态危机压力的基础上提出来的,是在新时期对社会主义建设规律认识的新把握。从"三位一体"到"四位一体",再到"五位一体",从提高人民生活水平到丰富百姓的精神世界、文化生活,到建设生态文明保护和改善生态环境,中国共产党人执政为民的理念始终蕴含其中并不断得到升华。从全能型政府到服务型政府；从粗放增长转向集约增长，从强调 GDP 的龙头指标作用到告别"GDP崇拜"与"GDP挂帅"，积极倡导综合发展指标，中国共产党领导下的国家职能逐步实现重大转变，发展导向愈益适应于人的全面发展，政府的职责更加明晰、工作更加高效，党的执政能力也逐步提升。正如胡锦涛所说，考核各级领导干部，"既要看经济建设成果，又要看社会进步；既要看当前的发展，又要看发展的可持续性；既要看经济增长的总量，又要看人民群众得到的实惠"[1]。习近平十分鲜明、生动地提出，保护生态环境就是保护生产力，改善环境就是发展生产力，反对简单地以 GDP 增长论英雄，"既要绿水青山，也要金山银山。宁要绿水青山，不要金山银山，而且绿水青山就是金山银山"[2]。

三是对经济发展的驾驭能力不断提高。早在 2004 年党的十六届四中全会通过的《中共中央关于加强党的执政能力建设的决定》中即指出："坚持把发展作为党执政兴国的第一要务，不断提高驾驭社会主义市场经济的能力"。而不断提高驾驭经济发展的能力，就要求在社会主义市场经济条件下，按照客观规律和科学规律办事，在思想上不断有新突破，理论上不断有新发展，实践上不断有新创造，不断研究改革和建设中的新情况，解决新问题，善于抓住机遇、加快发展。从"以经济建设为中心"到"三位一体"再到"五位一体"，中国共产党人在对经济发展和社会治理的探索中积极总结经验教训，不断提高驾驭能力。在 20 世纪末的亚洲金融危机和

[1] 《十六大以来重要文献选编》（上），中央文献出版社 2005 年版，第 511 页。
[2] 习近平：《在哈萨克斯坦纳扎尔巴耶夫大学的演讲》，《人民日报》2013 年 9 月 8 日。

2008 年的全球金融危机这两次危机的应对过程中，中国成为全球表现最好的经济体。这种表现固然得益于我国处于经济起飞阶段多种力量的综合支撑、城镇化增长空间的运用和市场巨大潜力的释放等因素，但最关键的还是因为我们始终坚定不移地贯彻执行实事求是解放思想、以经济建设为中心的正确路线，以改革开放解放生产力，并卓有成效地运用了需求管理与供给管理相结合的调控手段，在使市场发挥资源配置决定性作用的同时，也着力发挥政府宏观调控等方面的更好作用。

四、全面落实"五位一体"总布局基本框架的形成

2013 年召开的党的十八届三中全会，以"全面深化改革"为主题，描绘了作为中国现代化"关键一招"的改革如何全面深化的"顶层设计"新蓝图、新愿景、新目标；2014 年党的十八届四中全会则以"全面推进依法治国"为主题，以全面法治化建设为全面深化改革护航，为国家治理体系和治理能力的现代化提供"政治文明"的总框架。两次全会的基本精神一脉相承，相互呼应，形成了我国最高决策层在"五位一体"总布局之下实施"国家治理现代化"的通盘路径规划，即在全面深化改革中全面推进依法治国，在全面依法治国中走向长治久安和伟大民族复兴。这是中国特色社会主义事业"五位一体"总布局的落实与延续，也是适应改革步入攻坚克难重要时期紧迫任务的必然选择，标志着中国共产党人全面落实"五位一体"总布局基本框架的形成。

邓小平在改革开放初期提出，要把党和国家的制度建设问题放到非常高的地位上，制度设计好了，坏人就不可能任意横行，制度

设计不好，好人也会被动犯错误。只有制度才有稳定性、长期性和有效性，才能摆脱依靠以领导人的个人精力、注意力、偏好决定党和国家整体运行轨迹的风险。习近平提出的"依宪执政"下的全套规范制度建设，与之是一脉相承的。而要想实现全社会可预期的稳定环境与健康发展，真正落实"五位一体"总布局，就需要有现代文明范畴里的法治。依此路径，党的十八届四中全会通过的《中共中央关于全面推进依法治国若干重大问题的决定》指出，社会主义市场经济本质上是法治经济，社会主义市场经济的法治建设"必须以保护产权、维护契约、统一市场、平等交换、公平竞争、有效监管为基本导向"。而为贯彻这一导向有效维护社会公平正义，就必须实质性地推进配套改革。在经济改革与司法改革的"结合部"上，有一个各级政府事权分工与司法管辖权配置合理化的配套改革问题，有必要加以分析研讨。

司法管辖权，是一种需要清晰、合理界定的政治权力，是国家政权体系内各级政府间事权合理划分必须正确处理的重要内容。党的十八届三中全会通过的《中共中央关于全面深化改革若干重大问题的决定》在以"完善立法、明确事权"等为原则明确要求"建立现代财政制度"的同时，也提出了"探索建立与行政区划适当分离的司法管辖制度"的改革任务；到了十八届四中全会，《中共中央关于全面推进依法治国若干重大问题的决定》中，则明确提出了关于"优化司法职权配置"的重要措施："最高人民法院设立巡回法庭，审理跨行政区划重大行政和民商事案件。探索设立跨行政区划的人民法院和人民检察院，办理跨地区案件。"2014 年 12 月 2 日，以中共中央总书记习近平为组长的中央全面深化改革领导小组第七次会议，审议通过了《最高人民法院设立巡回法庭试点方案》和《设立跨行政区划人民法院、人民检察院试点方案》，表明即将以改革试点方式把这两项涉及司法管理体制和司法权力运行机制深层次问题、也触动我国政府层级间事权划分与配置格局的改革，推向实际操作中的先行先试，并寻求"可复制、可推广"的机制和制度。这方面所包含的促使中央、地方事权合理化的改革取向与格局改造的实质，是把我国的很大一部分司法管辖权上提，转变为中央层级的事权。之所以要以此为取向，制度安排的内在逻辑，正是最大限度地顺应客观规律，排除原区域司法管辖权对经济案件等审判结果可能产生的干扰因素，从而追求和维护"法治化"框架下尽可能充分的公平正义的社会功效。为了"努力使人民群众在每一个案例中都感受到公平正义"，我国显然亟须在"事权划分"上处理好"问题导向"的配套改革，把原属地方的这种司法管辖权向中央层级事权转变，具体形式便是巡回法庭和跨行政区划的法院、检察院的设立及运行，相应调整财政的财力保障安排。

可想而知，这一改革在财政改革和司法改革相结合的切入点上，深刻地触及了原有的权力架构和利益格局，具有"攻坚克难"的性质和特点。所以，我们必须坚决贯彻习近平总书记强调多次的"冲破利益固化的藩篱"的改革精神，按照党的十八届四中全会决定和中央全面深化改革领导小组审议通过的两个试点方案，以"先行先试"的举措启动司法管辖权改革，积累必要的经验，形成第一阶段的示范，再寻求稳妥而尽快地扩大其覆盖面，复制、推广到更大范围。

按照国家治理现代化和全面推进法治化的顶层规划而实施的这些事权调整，需要纳入配套改革的总体设计，并落实在不同政府层级的通盘事权划分明细单、一览表的设计上，再进而对应于财政分配的运行载体——预算的操作环节所必须依据的"收支科目"上，即在操作层面上进一步具体落实为各层级财政的"支出责任"。这样才能真正进入党的十八届三中全会所要求的现代财政制度"事权与支出责任相适应"的状态，保障经济、社会生活法治化的实际贯彻和更好地维护社会公平正义。

当前，我国正处在把握潮流、创造历史的全面深化改革关键时期，要掌握的其实是如何化解矛盾以及跨越种种陷阱。在这个过程中，除了"中等收入陷阱""转型陷阱""福利陷阱"等，具体的陷阱形式中，还有已经被很多人意识到的"塔西佗陷阱"。两千多年前的历史学家、政治学家塔西佗指出，在社会生活中存在着一个政府公信力的临界点，过了这个临界点，政府的所有决策，即使是正确的，也会无济于事，局面将变得不可收拾。我们在某些局部场合已经看到这样的威胁。另外，政治局会议讨论住房问题时，已提出"福利陷阱"问题，虽然我们应该从人民群众最关心、最涉及直接利益的事情做起，但作为调控主体，还必须考虑在眼前利益与长远利益、局部利益与全局利益、根本利益之间，怎么样权衡，否则福利陷阱会把我们拖入中等收入陷阱，最典型的前车之鉴，就是一些拉美国家。一百多年前，阿根廷与美国的人均 GDP 等经济指标不相上下，但现在美国已经成为头号强国，阿根廷则陷入中等收入陷阱后一蹶不振；智利等国曾大同小异，"民粹主义"基础上的福利赶超，结果不仅福利不可持续，发展的后劲也全没有了，引出多少社会动荡，多少血泪辛酸。中国经过前面三十几年的发展，已站在历史性的新起点上，已进入中等收入阶段，但决不是以后自然而然地就能实现"中国梦"，如何真正避免这些陷阱，是有重大实际意义的真问题。要使其中复杂的利益协调相对平稳地进行，需要以法治化建设的进步来提供保障条件。

中国经济在经历不期而至的国际金融危机冲击之后，已走到了一个自身"潜在增长率"下台阶，而"矛盾凸显"对"黄金发展"瓶颈制约日趋严峻的新阶段。如何在经济增速放缓并进入"新常态"这一基本发展状态演变的基础上，更加有所作为地寻求经济社会的可持续发展，是摆在中国共产党人面前的新挑战和新考验。承前启后作一展望，我们必须在"发展是硬道理"升华为"全面协调可持续的科学发展是硬道理"之后，在"国家治理现代化"核心理念下，使中长期发展与有效激发、释放内生潜力和活力相结合，使经济增长质量真正提高，打造经济社会有声有色发展的"升级版"。在"五位一体"战略布局的引领下，贯彻全面深化改革和依法治国方略，中国共产党领导全国人民一心一意致力于科学发展实干兴邦，一定能够形成经济富裕、政治民主、文化繁荣、社会公平、生态良好的发展格局，把我国建设成为富强民主文明和谐的社会主义现代化国家，从而和平发展与崛起，在 2020 年实现全面建成小康社会之后，于 2050 年前后实现中华民族的现代化伟大复兴。

"三农"是中国奇迹的强大支撑

陈锡文 *

导语：我国 2014 年的国内生产总值，按可比价格与 1978 年相比，增长了 28 倍以上，稳居全球第二位。这可以说是世界现代经济史上的一个发展奇迹。"三农"是创造这一中国奇迹的强大支撑。正是农业的强有力支撑，才保障了我国在人口持续增长背景下人民生活的不断改善，从而保障了整个国民经济和社会的持续稳定发展。

经初步核算，我国 2014 年的国内生产总值为 636463 亿元，按可比价格与 1978 年的 3645 亿元相比，增长了 28 倍以上，36 年间平均每年的增长速度为 9.7%。1978 年时，我国的国内生产总值在世界经济总量中只占 1.7%，排在全球第十位；而到 2013 年，已占世界总量的 12.3%，排名全球第二位。这不能不说是世界现代经济史上的一个奇迹。我国经济社会的各领域当然都为创造这一奇迹作

---

* 陈锡文：中央农村工作领导小组副组长、办公室主任。

出了自己的贡献。我国农业增加值在国内生产总值中的比重，从1978 年的占 28.2％，2014 年下降到了只占 9.2％。农业、农村、农民对我国改革以来所创造的经济奇迹到底有何贡献呢？我国是世界人口第一大国，当今世界三大谷物（小麦、大米、玉米）的国际贸易量，尚不足我国需求量的一半，因此，中国人的吃饭问题，始终是一个只能基本依靠自己来解决的问题。如果我国解决不了自身的吃饭问题，世界上没有任何人帮得了我们，也根本谈不上什么经济社会的发展。但我国的农业、农民是争气的。1978 年，我国粮食总产量为 30477 万吨，全国总人口为 96259 万人，人均拥有粮食产量 317 公斤。2014 年我国粮食总产量 60710 万吨，全国总人口为136782 万人，人均拥有粮食产量 444 公斤。改革开放以来的 36 年间，我国总人口增加 4 亿多人，即增长了 41.4％，而人均拥有的粮食产量仍增长了 40.1％。与此同时，我国人均拥有的棉花、油料、糖料、肉类、禽蛋、奶制品、蔬菜、水果、水产品等产量，更是成倍乃至成十倍地增长。正是农业的强有力支撑，才保障了我国在人口持续增长背景下人民生活的不断改善，从而保障了整个国民经济和社会的持续稳定发展。

三十多年来，我国农业得以持续较快发展的原因何在呢？

一、不断创新农业的经营体系

我国的改革是从农村开始的，农村的改革是从农业经营体制入手的，而农业经营体制的改革是以保障农民经营自主权、调动农民生产积极性为出发点和落脚点的。1978 年年底召开的奠定改革开放思想理论基础的中国共产党十一届三中全会，原则通过了

《中共中央关于加快农业发展若干问题的决定（草案）》，此决定后在 1979 年召开的党的十一届四中全会上正式通过，决定首次提出了"保障农民物质利益、尊重农民民主权利"的农村改革基本准则。正是在这个准则的指引下，农村改革顺应了亿万农民的心愿，打破了人民公社制度下统一劳动、统一核算、统一分配的"大锅饭"农业经营体制，在农村普遍实行了以家庭承包经营为基础、统分结合的双层经营体制，使农户拥有了在承包耕地上自主种植的权利，拥有了自主支配家庭劳动力的权利，拥有了家庭积累生产性资产的权利，由此极大地调动了农民的生产积极性。到 1984 年，我国的粮食总产量就比 1978 年提高了 10254 万吨，首次突破了 4 亿吨，6 年间粮食总产量年均增长速度达 4.95%。

但改革并未因此而止步。党中央审时度势，引导着农村改革不断向着广度和深度挺进。

为稳定农民的预期，党中央在 1984 年就提出农户对集体土地的承包经营权 15 年不变，1993 年又提出土地承包期限到期后再延长 30 年不变，在 2007 年我国《物权法》明确农村土地承包经营权为农户用益物权的基础上，党中央在 2008 年又进一步提出稳定农村土地承包关系并长久不变，之后又在全国农村开展了农户土地承包经营权的确权、登记、颁证试点工作，不断强化农民对土地承包经营权长期稳定的信心。与此同时，在改革初期创造的农村集体土地所有权与承包经营权"两权分离"的基础上，根据农民群众的探索实践和农业经济发展本身的需要，进一步创新理论，提出了农村集体土地的所有权、承包权、经营权"三权分置"的制度设计，使得土地的经营权能够在明确集体所有权、稳定农户承包权的基础上，得以更充分的流转。据有关部门统计，到 2014 年 6 月底，全国农村有近6000万农户全部或部分流转了自家承包耕地的经营权，转出承包耕地经营权的农户，占全国承包农户总数的近26%，全国流转的承包耕地经营权面积3.8亿亩，占农户承包耕地合同总面积的28.8%。在此基础上，各地创造了农村耕地在家庭承包经营基础上多种多样的适度规模经营形式。

有的地方以农户承包土地的经营权入股，发展土地股份合作社。在黑龙江省，一个农业合作社的规模往往可达一两千农户、几万亩耕地。由于扩大了耕作面积，能够采用大型农业机械开展统一的标准化作业，明显降低了生产成本，提高了土地的产出率和农产品品质，既增加了农民来自耕地的收入，而且使合作社的多数劳动力可以放心外出打工，由此获得更多的工资性收入。有的地方发展规模适度的家庭农场和种养业专业大户。如上海市松江区根据大多数农业劳动力已转移到城镇就业的实际，积极引导农户流转承包耕地的经营权，发展主要依靠自家劳动力经营的家庭农场，尽管只有百余亩的经营规模，但夫妻俩一年的务农收入也可达十万元上下，并不比当地城镇居民的收入低，使务农也成了体面的职业。有的地方围绕鲜活和特色农产品发展农民专业合作社，充分发挥"能人"的辐射带动作用，解决了一家一户难以解决的引入优良品种、掌握先进技术以及实现产品品牌营销等问题。有的地方引入社会资本发展适合企业化经营的种养业，实现了某些农产品在生产技术和经营管理水平上的飞跃。

而更普遍的，则是发展多元化的农业社会化服务组织，为农户经营提供代耕、代种、代收，以及对病虫害统防、统治和粮食收获后的烘干、储藏等"菜单式"或全程性服务，基本形成了"耕、种、收等主要作业环节靠社会化服务，日常田间看护和管理靠承包农户家庭成员"的经营形式。这种农户加社会化服务的农业经营形式，看似一家一户的耕地经营规模变化不大，但它却明显扩大了农业生产各主要作业环节的服务规模，为在农户小规模经营条件下实现现代农业技术和装备的大规模应用创造了条件，表现出了相当强的适应性和生命力，是实现坚持、完善农业基本经营制度和推进农业现代化有机结合的一种有效形式，也是符合我国社会转型阶段农业经营体系创新要求的一种有效形式。

随着我国工业化、城镇化的不断推进和农业人口的逐步转移，相信各地农村一定能从自身的实际出发，不断创新农业的经营主体和经营体系，走出一条具有中国特色的农业现代化道路。

二、不断改善农业的生产条件和推进农业的科技进步

我国是一个农业人均自然资源相对稀缺的国家。据第二次全国土地详查资料，到2012年年底，我国大陆耕地总面积为20.27亿亩，只占大陆国土总面积的14.26%。而耕地中的水田和水浇地面积，分别为4.95亿亩和4.21亿亩，合计仅占耕地总面积的45.19%，也就是说，全国一半以上的耕地还是靠天吃饭的"望天田"。正因为如此，加强农业生产条件建设和加快农业科技进步，就成为我国农业发展的必由之路。

高度重视农田水利基础设施建设，历来是我国农业的传统。特别是1998年长江等多条大江大河发生全流域的特大洪涝灾害以后，治理水土流失、巩固江河堤防、加强水利枢纽工程建设成为全民共识，迅即在全国开展了大规模的退耕还林还草和大江大河治理工程。与此同时，农田水利设施建设也得到了重视和加强。到2013

年年底，我国农田的有效灌溉面积达到了95026.5万亩，比1998年增加了21.14%，使农业抵御自然灾害的能力得到进一步提升。

能够在有限的耕地上不断增加农产品的产出，另一个重要的原因就在于农业科技的不断进步。重视农产品优良品种的培育和推广，重视先进栽培和养殖技术的普及，重视农业机械化水平的提高，是近年来我国农业稳定发展的重要经验。我国粮食作物的总播种面积，2014年比1978年减少了6.5%，但粮食的总产量却增加了99.2%，增产的基本原因是单位面积产量的提高。1978年，我国按播种面积计算的粮食平均亩产为337斤，2014年为718斤，提高了113%，而对此起决定性作用的就是农业科技的进步。据有关部门测算，2014年我国农业科技进步对农业增长的贡献率达55.6%，主要农作物耕、种、收的综合机械化水平达61%。尽管这两个指标与农业发达国家相比仍有不小差距，但它既反映了我国农业科技的不断进步，也表明了我国农业继续发展尚待挖掘的巨大潜力。

三、不断加强对农业的支持保护

党中央、国务院历来高度重视农业的发展，从新中国成立初期提出农业是国民经济的基础，到新时期强调要把解决好"三农"问题作为党和政府工作的重中之重，体现了党和政府对农业重视的一脉相传。但由于历史和发展阶段的原因，在计划经济的体制下，农业要为国家提供工业化和城镇化的积累资金，因而承担着较重的税赋。据有关部门测算，新中国成立之初，农业各税约占我国各项税收的30%左右，之后随着城镇工商业的发展而逐步下降。另据财政部科学研究所综合测算，1949—1976 年我国农民的农业税实际负担率约为 9.1%。此后，一方面农业税的负担在不断下降；但另一方面，农民承担的各种非税缴费却在不断加重，如乡镇政府所收取的计划生育、农村教育、民兵训练、军烈属优抚和乡村架桥修路等五项"统筹经费"，以及村组织收取的公积金、公益金、共同生产费等三项"提留经费"。不少地方农民承担的各项非税缴费，往往达到了国家农业税收的两到三倍。因此，2000 年时，农民的各项实际负担占到了农民人均纯收入的 10.2%—12.2%。为了切实减轻农民的负担，中央决定从 2000 年开始在农村推进税费改革试点，2004 年又提出逐步减免农业税收，争取 5 年内取消农业税收。而实际上，到 2005 年年底，全国人大常委会就批准了从 2006 年 1 月 1 日起废止《中华人民共和国农业税条例》，取消除烟叶以外的农业特产税，全部免征牧业税。至此，在我国实行了 2600 年之久的按地亩征收农业税收的"皇粮国税"制度终于成为历史。仅此一项，每年就可为全国农民减轻负担 1350 亿元以上。与此同时，国家提出了让公共财政的阳光普照农村大地的要求，开始了加大财政资金对农业支出和向农村地区转移支付力度的进程。

按照 2004 年中共中央、国务院一号文件的要求，国家有关部门在支持和保护农业方面首次提出了两项具有开创性意义的重大政策。一是对农业生产者进行直接补贴；二是在全面放开粮食收购和销售市场后，为避免出现"谷贱伤农"现象，国家对小麦和稻谷实行最低收购价制度。

对农业生产者的直接补贴，最初确定为三项：一是从粮食风险基金中拿出一部分用于直接补贴种粮农民，二是对农民购买粮食的优良种子进行补贴，三是对农民购买农业机械进行补贴。2006 年，根据国际市场石油、天然气价格大幅度上涨的实际情况，又增加出台了对农民实行农业生产资料价格综合补贴的政策。这几项补贴，从最初的合计146亿元逐年增加，到2014年已增加到近1700亿元。从向农民种地征收农业税收，到全部免除农业税收，再到国家财政资金直接向农业生产者发放补贴，这一系列具有划时代意义的重大变革，不仅极大调动了农民的生产积极性，更反映出国家与农民之间经济利益关系的深刻变迁。

实行小麦、稻谷最低收购价格政策，主要是为免除农民对粮食增产后价格下跌的担忧。2004年，国家规定，红小麦、白小麦的最低收购价格分别为每公斤1.38元和1.44元，早籼稻、中晚籼稻和粳稻的最低收购价格分别为每公斤1.40元、1.44元和1.50元。当新粮上市后，如市场粮食价格低于国家规定的最低收购价，由国家粮食储备公司以国家最低收购价格收购；市场粮食价格回升到国家最低收购价格水平以上后，国家粮食储备公司停止按最低价收购粮食，由多元化的粮食流通企业按市场价格自主购销粮食。这项政策受到了农民的极大欢迎，农民种粮的积极性明显提高，2004年，全国粮食总产量一举增加3877万吨，即增长9%。此后，国家根据粮食生产成本和市场供求关系的变化，又逐步提高了小麦和稻谷的最低收购价格。2014年，国家制定的小麦最低收购价格为每公斤2.36元，早籼稻、中晚籼稻和粳稻的最低收购价格分别为每公斤2.70元、2.76元和3.10元。同时，国家根据各主要农产品的产销情况，又相继出台了临时收储政策，逐步把玉米、大豆、油菜籽和棉花等农产品纳入了由国家定价、国家储备公司收购的临时收储范围。应当说，对重要农产品的最低收购价和临时收储制度，对我国粮食生产的"十一连增"和农业的稳定发展起到了重要作用。

四、逐步形成城乡统筹发展的体制机制

在改革开放的大潮推动下，我国的工业化、城镇化进入了快速发展期，同时也不可避免地引发了城乡二元结构体制的松动。随着改革的不断深入，城乡之间的生产要素开始流动、交换，逐步形成了城乡互动互促的发展格局。

工业化、城镇化的发展离不开土地。第二次全国土地详查的资料表明，仅1996年到2009年的13年间，全国城市和建制镇的建成区面积，从4.46万平方公里扩大到了7.27万平方公里，增加了2.8万平方公里以上，即增长了62.7%。不难想象，增加的城镇建成区，基本都来自征收农民集体所有的土地。据有关部门初步核算，2014年全国的土地出让金收入中，用于成本补偿性的支出占79.07%。土地出让的成本补偿性支出，包括征地和拆迁补偿、法定标准之外对征地农民的补助、支付破产或改制企业的职工安置费用，以及土地出让的前期开发费用等。非成本补偿性支出占土地出让收入的16.93%。非成本补偿性支出，主要包括城镇棚户区改造、城市市政设施建设和农田水利建设等。可见，在农民土地被征收后的增值收益中，除了失地农民所获得的补偿之外，实际上还对城镇的改革和发展提供了重要的资金来源。

大量农村劳动力转移到城镇和非农产业就业，对我国的工业化进程和非农产业的繁荣作出了难以替代的重大贡献。2014年，全国农民工总量达27395万人，其中有近1.7亿人外出（离开本乡镇）就业，1亿多人在本乡镇的非农产业就业。由于农民工这个特殊群体的出现，使得我国的就业结构中，出现了两个奇特现象：一是农村劳动力中有50%以上转移到了城镇和非农产业就业，二是全国

二、三产业的从业人员中有 50％以上是农民工。据国家统计局公布的数据，2013 年我国就业人员总计为 76977 万人，其中第一产业就业人员 24171 万人，而当年的农民工总量为 26894 万人，超过了农业从业人员的总量；2013 年我国二、三产业的从业人员总计为 52806 万人，而当年农民工的总量占到了其中的 50.93％。这样一种奇特的就业结构，使得我国的经济在抵御风险和挑战时具有相当强的韧性，这不能不说是农民工在社会转型时期对我国经济社会发展所作出的特殊贡献。

农民工群体在为我国非农产业和城镇发展作出巨大贡献的同时，也对农民收入的增长起到了不可替代的作用。据有关部门统计，2014 年全国农民工人均月收入为 2864 元，比上年增加了 255 元。而 2014 年我国农民的人均可支配收入为 10489 元，其中工资性的收入为 4152 元，在农民的人均可支配收入中占 39.6％，已成为农民收入增长中的重要支柱。农民收入的较快增长使得农民的生活质量不断提升。2013 年，农民人均食品支出占其全部消费支出的比重（恩格尔系数）为 37.7％，比 1978 年下降了 30.0 个百分点。而我国城镇居民 2013 年的恩格尔系数为 35.0％，比 1978 年下降了 22.5 个百分点。2012 年，我国每百户农民家庭拥有洗衣机 67.2 台、电冰箱 67.3 台、彩色电视机 116.9 台、移动电话 197.8 部，分别相当于每百户城镇居民家庭拥有量的 68.6％、68.3％、85.9％和 93.0％。同年，每百户农民家庭拥有计算机 21.4 台、空调器 25.4 台，仅相当于每百户城镇居民家庭拥有量的 24.6％和 20.0％。农民家庭所拥有的耐用消费品数量及其与城镇居民家庭的差距，既反映出农民消费对市场的巨大拉动作用，也反映出农村市场仍然有着极为巨大的潜力。

自 2003 年开始，国家在农村陆续推进了新型农村合作医疗制度、农村最低生活保障制度、新型农村社会养老保险制度，逐步织就了农村社会保障网。目前，全国农村已有 8 亿多人加入了新型农村合作医疗制度，有 5200 多万贫困农民纳入了最低生活保障制度，而城乡居民的基本养老保险制度则已经实行了并轨。目前，在基本医疗保险、最低生活保障等方面，城乡之间还存在着不小的差距。但制度已经建立，差距必将随着经济的发展而逐步缩小。

当然，建立我国城乡统筹发展的体制机制还刚刚破题，离实现这一目标还任重道远。党的十八届三中全会后，户籍制度的改革开始启动，农村集体土地征收、集体经营性建设用地入市、宅基地制度改革的试点工作已经部署，农村金融体制的改革正在深化，以社会主义新农村建设为目标的农村人居环境建设和美丽乡村建设的步伐正在加快，所有这些改革都将为城乡统筹发展的体制机制夯实基础，推动我国经济社会向着城乡发展一体化的方向加快转型。

五、我国农业对经济的支撑作用正面临新的挑战

自 2004 年以来，我国粮食产量连续 11 年增产，农民收入连续 11 年较快增长，农业的发展确实进入了一个新的黄金期。但同时也必须看到，我国农业的发展也正面临着新的挑战，这主要反映在以下两个方面：

一是农业生产成本持续上升，导致我国主要农产品的国际竞争力下降。近年来，随着工业化、城镇化的快速推进和人民生活水平的不断提高，农业的生产成本也在持续上升。化肥、农药、柴油、

农用薄膜等投入品的价格不断上涨，土地租金、劳动工资的价格不断上涨，农民用于购买各种生产性服务的价格也在不断上涨，由此推动了农产品价格的持续上涨。以 2014 年与 2004 年国家制定的最低收购价格相比较，11 年间，小麦、早籼稻、中晚籼稻和粳稻的提价幅度分别为 64%—71%、92.9%、91.7% 和 106.7%。这确实是一个两难的选择：不随农业生产成本上升而相应提高农产品收购价格，农民弥补不了成本就难以维持生产；而持续提高国内农产品的收购价格，达到某一临界点后，国内农产品的价格就会高于国际市场同类产品到达我国港口后的完税成本价格，这就将使我国农产品失去国际竞争力。我国人多地少，城镇化水平不高且进程不完整，农业生产总体上尚未走出经营分散、规模细小的发展阶段，农业的基础竞争力先天不足。近年来，由于世界经济、政治尤其是能源供求格局的变化，导致国际市场大宗农产品价格持续下行，制约我国农产品价格的"天花板"在不断下压。而我国则正处于工业化、城镇化快速推进阶段，对农产品的需求快速增长，导致国内农业生产成本这个"地板"持续上涨。不断下压的"天花板"和持续抬升的"地板"，正在压缩我国农业的发展空间。实际上，近年来我国快速增长的进口农产品中，有些的确是为了弥补国内的供求缺口，而有些则是由于国内产品价格高，被同类国际产品挤出了市场，于是才会出现国内产量、国际进口和国内库存"三增加"的局面。因此，提高国内农产品的竞争力，是当前和今后一个时期我国农业必须认真应对的一大战略性挑战。

二是长期靠拼资源、拼投入、追求外延扩张的粗放增长方式，导致农业资源过度开发，生态环境不堪重负。民以食为天，对于我们这样一个有着十几亿人口的国家而言，为保证日益增长的人口能吃饱饭，追求农产品产量的增长本无可厚非。问题在于长期无节制地毁林、毁草开荒，围湖、填河造地，使生态系统受到严重破坏；不断增加化肥、农药、农膜的使用以及乱烧乱扔各种农业废弃物，使农业、农村的环境受到严重污染。1978 年，我国农业使用化肥884 万吨（纯量，下同），到 2013 年已增至 5912 万吨，35 年间增长了 5.7 倍。目前，全国农业每年使用农用塑料薄膜约 250 万吨，而回收量不足 150 万吨，意味着每年约有 100 万吨废弃的农膜碎片残留在土壤中。每年使用的 180 多万吨农药中，真正能够作用于农作物的不足三分之一，更多的是造成了对水、土壤和空气的污染。长此以往，农业的资源和环境必然难以承受，有些地方已经陷入了恶性循环：减少化肥投入，单位面积农产品产量就下降；而增加投入则造成更严重的土壤板结和退化。对我国的农业而言，资源和环境这两盏红灯已经频频亮起，再不接受这严厉的警告，农业可持续发展的目标就难以实现。

习近平总书记在 2014 年年底召开的中央经济工作会议上指出，应对我国农业所面临的内外压力和挑战，"出路只有一个，就是坚定不移加快转变农业发展方式，从主要追求产量增长和拼资源、拼消耗的粗放经营，尽快转到数量质量效益并重、注重提高竞争力、注重农业技术创新、注重可持续的集约发展上来，走产出高效、产品安全、资源节约、环境友好的现代农业发展道路"。走这样的路，既涉及从根本上改变拼资源、拼消耗的粗放经营方式，也涉及按市场需求和健全农业产业链的方向调整农业结构，更涉及深化改革、大力推进农业体制机制的创新。走这样的路，还必须在注重提高农业效益和实现农业可持续发展的过程中，切实保障国家粮食安全和农民收入的持续增长。因此，转变农业发展方式，是走中国特色农业现代化道路的一项宏大系统工程，也是我国农业继续发挥好对经济发展支撑作用的关键之举。

要大力推行绿色农业、循环农业、生态农业，以确保我国农业的可持续发展。可持续发展的农业，必须是能够保护生态环境的农业。对毁坏生态系统、污染环境的农业发展方式必须严格加以制止。我国是农业发展历史特别悠久的国家，长期对农业自然资源的挤压，已经造成相当多地方的森林、草原和水生态系统严重欠账，不少地方生态系统的自修复、自净化功能已明显退化，导致水土流失、荒（石）漠化、水污染现象日趋严重。因此，必须采取更为严格的措施对山水林田湖加以保护，严禁违反规划对自然资源随意开发，对生态脆弱地区更要严禁开发。对由于过度开发而造成的地下水漏斗区、土壤重金属污染区，必须下决心采取根治性措施，使其逐步得到恢复。可持续发展的农业，必须是资源节约、环境友好型的农业。要按农业标准化实行清洁生产，制定科学而严格的用水、用肥、用药标准，深入开展测土配方施肥，大力推广使用低毒低残留农药，既节约资源、降低成本，又保障农产品质量安全和提高经济效益。可持续发展的农业，必须是物质、能量可循环利用的农业。我国农业历经七八千年的发展而生生不息，很重要的原因，就在于长期以来农民坚持将投入农业的物质、能量加以循环利用。但进入现代以来，出现了片面以石油农业替代有机农业的倾向，急功近利地只注重矿物肥料的利用，忽视了有机物质对农田的返还，致使土壤板结、地力下降。我国农业每年产生约7亿吨秸秆、约30亿吨畜禽排泄物，其中的相当部分尚未得到科学合理利用，既导致了严重的环境污染，又使农田失去了足够的有机肥料补充。要加快建立农业废弃物资源化利用和使用有机肥的激励机制，使秸秆和畜禽排泄物变废为宝，成为生物质能源和生物有机肥的重要来源，从而使宝贵的农田能永续利用，产出的农产品有质量安全保障。

要按照市场需求和健全产业链的方向调整农业结构，以实现农业的节本增效。要以合理利用国际国内两种农业资源、两个农产品市场的视野，科学审视国内农业资源的潜力，合理安排国内农产品生产的优先序，确保关系国家安全的战略性农产品自给水平。在此基础上，要尽快建立需求导向的农业结构调整机制，使市场紧缺农产品的"短板"尽快得到提升，使各地农业资源的不同优势得到充分发挥。当前，尤其要注重健全农业全产业链和拓展农业多种功能。建设农业种植、养殖、加工、销售的全产业链，本质上就是要促进农村一、二、三产业的融合发展。种植、养殖业脱节，使得粮食生产只注重籽粒产量，浪费了秸秆；在具备条件的地方实行种、养结合，发展青储饲料作物，农作物的植株就成了全营养体，不仅大大提高了单位面积上饲料营养物质的供给，而且更适合现代养殖业的需要，可谓双赢。农民直接出售初级农产品，就失去了在加工、营销环节的就业机会和产品增值机会；通过发展多种形式的农业产业化经营，农产品在当地加工，再通过订单、电商、网购等形式直接营销加工制成品，延伸了农业产业链，增加了农民就业机会和产品增值空间，更使得过去藏在深山人未识的许多优质特色农产品走进了市场，可谓多赢。拓展农业多种功能，就是要摆脱把农业单纯看作第一产业的观点，去发掘农业所能体现的适应自然和气候变化以及动植物生命活动生生不息的过程，去展现农村社会的人文自然景观、历史文化传承与变迁等复合功能，而这些正是农业农村的魅力所在，也是吸引现代城镇居民的向往之处。合理开发利用农业的多种功能，其集大成者如乡村旅游业。据有关部门统计，2014年，我国农村已有"农家乐"近200万处，各类特色乡镇、村庄约10万处，全年接待游客12亿人次，年旅游收入3200亿元，带动了3300万农民就业和增收。可见，创新了观念和思路，农业结构调整就有着广阔的空间。

要继续深化农村改革，为农业的发展提供不竭的动力。按照党的十八届三中全会对深化农村改革的要求，2015年的中央一号文件，又从推进土地制度改革试点到改革集体经济产权制度，从完善农业支持保护体系到改革农产品价格形成机制等众多方面，对农村改革作出了具体安排。在深化农村改革的诸多任务中，如何加快创新农业经营体系，解决好谁来种地和发展适度规模经营的问题，无疑是一个广受社会关注的重大问题。人们对此有着各种认识和思考，农民群众也在开展着多种探索和实践。而对这一问题的解答，当然离不开我国的具体国情和发展阶段。我国目前还有6亿农村常住人口，大量进城务工经商农民并未成为当地市民，短时期内要使他们中的大多数人转移到城镇居住显然并不现实。农业人口的减少，只能是一个伴随着城镇化水平逐步提高的自然进程，农村在相当时期内还难以根本改变人多地少的格局，这就是我国农业现代化的现实起点。因此，在社会转型阶段要切实保障农民生计和社会稳定，就要坚持农民的地由农民种和因地制宜发展多种形式适度规模经营的基本取向。还要看到，家庭经营在相当时期内仍然是我国农业生产的基本力量，而通过周到便利的社会化服务，把农户经营引入现代农业的发展轨道，则是创新农业经营体系所必须破解的重大课题。

当然，转变农业发展方式、调整农业经济结构、创新农业经营体系等，都不能放松粮食生产、削弱农业综合生产能力，否则就会因失去根基而付出沉重代价。在使市场对农业资源配置起决定性作用的同时，还必须进一步加大国家对农业支持和保护的力度。应当看到，在我们这样一个农业人口众多的国家，农业政策决不是单纯的产业政策，它关系到数亿农民的生存与发展，关系到农村能否不拖全面建成小康社会的后腿，关系到现代化进程中整个社会能否保持稳定。因此，在我国经济发展进入新常态的大背景下，仍然必须坚持把解决好"三农"问题放在全党工作重中之重的位置，只有农业强、农民富、农村美，才能使我国的农业持续地发挥好对经济发展的支撑作用。

用好经济发展的基本要素

——为经济发展创造可靠的资金供给机制

李 扬 [*]

导语：改革开放以来，我国经济发展之所以能取得举世瞩目的成就，原因就在于通过持续不断的改革开放，激发了微观经济主体的活力，动员和用好了经济发展的要素，为经济发展创造了可靠的资金供给机制。具体而言，劳动力由农业向工业（工业化）、由农村向城市（城市化）、由国有向非国有（市场化）持续转移，是我国经济能够保持长期高速增长的关键，而高储蓄率和高投资率长期并存，既是劳动力得以持续转移的前提条件，也是这种发展模式的必然结果，同时也构成这种发展模式得以维持的基础。

中国经济三十多年的发展，展现出一系列令世人瞩目的鲜明特色，其中最显著者，当推高储蓄、高投资、高增长同时出现且内洽

---

* 李扬：中国社会科学院副院长。

地持续数十年。另外，中国经济的成长还伴随着长期的国际收支"双顺差"，这与发展经济学的传统范式也不尽吻合。这些现象是如此之独特，以至于国际社会将之称为"中国之谜"。

本文将从劳动力转移现象入手，分析这种发展道路赖以产生并获成功的关键环节以及支撑它们的体制机制，以期揭开"中国之谜"背后的理论逻辑。我们认为，改革开放以来，我国经济发展之所以能取得举世瞩目的成就，原因就在于通过持续不断的改革开放，激发了微观经济主体的活力，动员和用好了经济发展的要素，为经济发展创造了可靠的资金供给机制。具体而言，劳动力由农业向工业（工业化）、由农村向城市（城市化）、由国有向非国有（市场化）持续转移，是我国经济能够保持长期高速增长的关键，而高储蓄率和高投资率长期并存，既是劳动力得以持续转移的前提条件，也是这种发展模式的必然结果，同时也构成这种发展模式得以维持的基础。

中国发展道路的实践经验及其揭示的理论逻辑具有全球意义，因为它在一个曾以"一穷二白、人口众多"为基本国情的发展中国家里，有效地冲破了长期困扰广大发展中国家经济起飞的致命瓶颈——发展资金短缺问题。

发展经济学中有一个著名的"双缺口"理论，其要点是：发展中国家之所以落后，是因为那里普遍存在两个制约其发展的资金瓶颈——在内，存在着储蓄缺口，即国内储蓄不足；对外，存在外汇缺口，即难以吸引国外投资。由于存在严峻的资金约束，发展中国家雄心勃勃的投资计划得不到落实，增长愿景也难以实现。因此，破解双缺口困局，是发展中国家摆脱贫穷落后，最终实现现代化的关键。

几十年来，"双缺口"理论屡试不爽。从 2008 年金融危机开始，世界似乎看到了摆脱双缺口魔咒的前景。在危机的头几年里，当美国等发达经济体每况愈下、不断为其"量宽"加码时，广大发展中国家的经济却不受影响，独自走出了一波靓丽的增长行情，以至于有"双速脱轨"的惊呼。然而，当美国开始"量宽退出"，大量资本重又向美国回流之时，人们无可奈何地看到，20世纪80—90年代发生在拉美国家的老故事立刻重演，广大发展中国家相继陷入经济减速、通胀压力增大、股市暴跌、国际收支恶化、资本外流和本币汇率剧烈波动的困境中。这波"过山车"周期令人沮丧地提醒我们：大部分发展中国家的国内结构性扭曲并未改善，"双缺口"困境依然如故。这种状况更充分说明：在全球化深度发展且美国依然发挥主导作用的国际环境中，没有国家可以独善其身。

正是在这种背景下，环顾危机后的世界，人们更深刻地认识到中国发展道路的价值：自1994年开始，中国便依靠自己的力量基本摆脱了"双缺口"的束缚；依凭丰裕的国内储蓄，中国经济方可不受美国为首的发达经济体国内政策的外溢性冲击，"任凭风浪起，稳坐钓鱼台"。

这是一个具有世界意义的奇迹。因此，探讨中国发展道路的重要任务之一，就是总结、概括导致这个奇迹发生的关键环节，以及与之相应的体制机制变化。

一、理解储蓄／投资在经济运行中的关键地位

现代社会再生产的基本特征是扩大再生产，而进行规模不断扩大的再生产需要有新的资本不断形成。因此，投资，并基于它形成新的资本，便是一国经济增长和经济发展的核心任务之一。

从宏观经济的运行上看，资本形成的现实过程包括两个环节。第一个环节是资本聚集过程，即储蓄过程；第二个环节是储蓄的使用过程，即投资过程。宏观经济平衡的核心便是保持储蓄和投资平衡。在这里，储蓄是一个实物经济概念，指的是国民收入中未消费部分。在居民，储蓄指的是居民可支配收入中减去消费后的剩余；在企业，储蓄是指其税后利润中扣除向其所有者分配利润后的余额；在政府，储蓄指的是政府部门的财政收入中扣除用于国防、教育、行政、社会救济等经常项目支出后的剩余部分。政府储蓄的来源主要有税收、规费收入和债务收入等。

在刻画国民经济运行的宏观经济理论中，储蓄恒等于投资。但是，这种储蓄和投资的"相等"，只是一种"事后"（ex-post）的定义性关系。换言之，所谓"事后"，是就结果而言的。保持恒等的关键要素是库存在经济学体系中的特殊性：在国民收入的供给端，企业新产出的库存被归为储蓄；而在国民收入的需求（亦即使用）端，它同时又被定义为存货投资。可以说，正是存货在国民统计中的这种双重存在，使得"储蓄"当然地等于"投资"。

既然有"事后"，就存在着"事前"（ex-ante）。在经济分析中，"事前"指的是各经济主体依循自己的决策函数、根据所处的客观环境自主地决定的经济活动。也就是说，"事前"是就起点而言的。毫无疑问，从全社会来看，事前的储蓄和事前的投资总是不相等的，于是就可能有储蓄不足或投资不足的现象出现。当储蓄不足时，经济（在事后）便存在通货膨胀压力；而当投资不足时，则可能（在事后）导致存货增加，从而产生通货紧缩压力。这样，宏观经济调控的核心任务，就是力促储蓄和投资在事前相等；当不相等的情况出现时，则要设法通过各种政策手段来对两端及其相互关系进行调整。

在市场经济中，由于人们大都只存在于社会分工和交换体系的一个环节上，储蓄主体和投资主体相分离便成为常态。通常的格局是：居民部门作为消费主体，其储蓄大大高于该部门的投资，因而它是全社会中最大的资金盈余部门；企业部门作为投资主体，其储蓄经常不足以支持该部门的投资，因而它是全社会中最大的资金短缺部门；政府部门的储蓄和投资动态无一定之规，但在很多情况下，政府的储蓄不足以支持政府的投资，因此，政府部门通常也是资金的短缺部门。

既然在国民经济中储蓄者和投资者经常由不同主体担任，各主体资金余缺状况迥异，于是，便有储蓄向投资转化的必要性，相应便有了储蓄向投资转化的机制问题。

储蓄向投资转化，既可通过财政的媒介，也可通过金融的媒介。前者指的是政府通过税收等收入手段将一部分民间储蓄集中起来，最终由政府完成投资；后者则指的是储蓄者通过购买存款凭证、外汇、股票、债券、理财产品等金融产品的方式将其储蓄（通过金融中介）转移到投资者手中，由后者完成投资。

如同所有发展中国家一样，改革开放前的中国曾经是储蓄短缺的国度。1958 年的"大跃进"和 1977 年的"洋跃进"之所以给国民经济造成灾难性破坏，就是因为"跃进"所需的国内投资远远超出了国内储蓄可以支撑的水平。陈云同志在 1981 年总结新中国成立以来我国经济建设经验教训时，曾将我国经济工作的总方针概括为"一要吃饭，二要建设"[1]。他用这朴素的语言，阐明了国民经济

---

[1] 《陈云文选》第三卷，人民出版社 1975 年版，第 367 页。

运行中几类关键因素的相互关系。在这里，吃饭当属第一要义；饭足之余，才有储蓄；有了储蓄，投资（建设）才有无通货膨胀的资金来源支撑。

因此，有效地动员储蓄，藉以支撑高水平的投资，启动工业化和城市化进程，确保日益增长的适龄人口就业，就成为改革开放的头号任务。换言之，如果说中国的经济奇迹得益于人口红利、工业化和城市化同时展开且相辅相成的话，那么，这些因素的"风云际会"，则显然启动于储蓄率和投资率的稳步提高。就此而论，中国奇迹之关键，就在于创造出有效的动员和分配储蓄的体制机制。

二、改革激发储蓄意愿

动员储蓄的第一要义，是激发微观经济主体从事储蓄的意愿。这一目标，在党的十四届三中全会之前，主要通过推进渐进式分权改革和大力发展金融体系实现；1993 年之后，则全面蕴含在建设和完善社会主义市场经济制度的过程之中。

中华人民共和国成立以来前 30 年的经济和金融业是在传统计划经济体制下运行的，后 30 年来的中国经济、金融改革，则是一个由计划经济体制向社会主义市场经济体制、由封闭经济到开放经济过渡的历程。在中国，这一历程最初采取了渐进的分权改革模式。市场经济与计划经济的不同之处就在于，后者由中央计划者统一决定资源的调配，而前者则是由众多分散的经济当事人根据市场价格信号作出决策，这些决策的集合引导着资源的配置。因此，计划经济向市场经济过渡的本质，就是在资源配置的决策过程中由"集权"走向"分权"。

　　这种资源配置权力的分散化（"分权"），包含两部分内容：第一，政府向企业和居民户分权，从高度集中统一的计划经济转向大众创业、企业主导的市场经济。这是一种"经济性分权"，它代表了从高度集中统一的计划经济转向分散的市场经济的改革，旨在赋予广大微观经济主体明确的产权，激发其储蓄、投资和生产的积极性。第二，中央政府向地方政府分权，这是一种各级政府间的"行政性分权"，它包括中央和地方之间对事权和支出责任的重新配置，旨在大规模激发各级地方政府发展经济的积极性。与苏联和东欧国家不同，中国的经济性分权和行政性分权改革采取的都是渐进而非"大爆炸"的步调。这不仅表现在对改革目标的认识是逐步深化的，而且还表现在改革的措施也是分步安排，并尽可能沿着帕累托效率改善的路径来实施的。

　　现在已经可以确认，与苏联和东欧国家当时普遍存在的希望从计划经济一步"跳跃"到市场经济的想法相比，渐进式的分权改革无疑是务实、稳健和成功的。分权的过程向微观经济当事人赋予了产权，为其开展经济活动创造了激励相容的框架，从而激发了储蓄投资的动力，使之焕发了经济活力；而渐进的方法则让包括决策者在内的所有经济当事人都能够有一个对新事物不断探索、试错、总结和逐步熟悉的过程，而新机制也就在这种渐进的过程中建立和完善起来。

　　回顾过去30年来的经济和金融体制改革，我们发现，1994年是一个重要的分水岭。这一方面指的是，1993年11月党的十四届三中全会作出的《中共中央关于建立社会主义市场经济体制若干问题的决定》，终于确定了建立社会主义市场经济体制的明确目标，因而此后的改革举措与此前存在着巨大差异；另一方面则是因为，宏观经济运行中最具基础性的一对关系——储蓄和投资的关系——在此前后存在着方向性的区别。

建立社会主义市场经济目标明确之后,"计划"和"市场"的无谓争议基本结束。在改革的重点上,1994年之前重点讲"放权让利"而不注重改变产权制度,只关注"给好处"而不强调建立微观经济当事人激励约束机制的简单做法也得到纠正,企业改革开始强调明晰产权、完善治理结构、建立现代企业制度,财政体制也开始了影响极其深远的"分税制"改革。从那时开始,不仅企业逐渐成为自我决策的市场主体,而且,通过"分税制"的财政体制改革,地方政府也获得了很大的经济管理权力——后来被国内外学者称为中国经济发展又一"密钥"的地方政府发展经济的主动性以及基于此展开的政府间竞争,自此拉开了序幕。

改革的不断深入,无疑从制度层面推动了我国储蓄率和投资率的上升。

首先,市场化改革的一个直接结果,就是投资主体从以国有经济单位为主向多元化主体转变。投资主体的转变,意味着市场经济机制逐步发挥作用。这不仅极大地刺激了投资的上升,提高了投资的效率,而且也大大激发了广大微观经济主体的储蓄积极性。因而可以说,企业的"企业化"和投资主体的多元化,是支撑我国高储蓄和高投资,进而支撑我国工业化和城市化的基本制度因素之一。

进一步看,市场化改革的深入,使得就业人口在传统计划经济体制下享受的各种福利待遇逐步减少乃至消失。在需求侧,这些改革使得需求向市场转移,必然要求居民预先增加储蓄,以便储备支付能力。此外,与计划经济体制下就业和福利、养老一体化的体制相比,市场化改革可能还会造成劳动人口对未来预期的不确定性上升，因而会额外地增加居民的预防性储蓄。在供给侧，供给主体的转变和市场机制对计划机制的逐步取代，极大地刺激了全社会的投资。制造业投资激增自不待言，住宅、养老、医疗、教育等开始吸引越来越大的投资，进而，当经济基础设施和社会基础设施进入投资者的视野之后，中国的投资更是进入了长期高增长时期。

三、金融"大爆炸"

与经济体制改革中资源配置的权力由政府计划转向市场主导的取向一致，自改革开放开始，"大一统"于中国人民银行一家的金融体系便被渐次分拆为包括中央银行、商业银行、非银行金融机构在内的日益复杂的金融组织体系。同时，一大批与市场经济相适应的其他金融机构如信用社、财务公司等和包括资本市场、货币市场和基金市场在内的各种金融市场也如雨后春笋般出现在中国的大地上。金融资源的配置越来越多地由各种类型的金融机构、金融市场和非金融部门的分散决策共同决定。

这个被国内外研究者称为解除"金融抑制"的改革进程，首先触及的是资金的价格，长期被扭曲地压抑在低位上的利率水平随金融改革的深入而逐步提高，并成为刺激中国储蓄率上升的重要因素。不过，与一般教科书的简单结论不同，影响中国居民储蓄行为的因素十分广泛，其中至少包括：国民收入分配格局向居民倾斜；随着中国经济货币化程度不断加深，中国居民的货币化收入水平快速上升；制度变迁迅速与不确定性的增强，引致广大居民预防性储蓄比重提高；中国一直采取抑制消费信贷的政策，导致居民负债率极低；等等。

然而，中国储蓄率不断提高的主要动力，无疑归因于金融体系的迅速发展：金融机构、金融市场、金融产品和金融服务的不断丰富，为广大微观经济主体提供了日益宽广的储蓄渠道。

1978年，中国只有中国人民银行一家金融机构。中国人民银行独揽了中央银行与商业银行的全部职能，同时，它还是政府的一个部级行政机关。

1978—1984年，与经济主体的多样化和经济运行的市场化进程相适应，中国的金融体制也开始了多样化的进程。此间最令人瞩目的事件，是中国人民保险公司、中国人民建设银行（后改名为中国建设银行）和中国农业银行相继恢复和建立。

随着金融管制的松动，各种非银行金融机构和信用社也开始发展起来。1979年10月，中国第一家信托投资公司——中国国际信托投资公司成立。1980年，为了满足迅速发展的城市集体和个体企业的资金需求，第一家城市信用社在河北省挂牌营业，并很快在全国引发了组建城市信用社的高潮。同时，与乡镇企业的迅速发展相对应，从1953年便已存在中国农村之中的农村信用社的数目也迅速增长。1981年4月，中国东方租赁有限公司成立，标志着融资租赁业也开始进入中国的金融体系。

1985年，随着中国人民银行开始独立行使中央银行职能，一个新的承接中国人民银行分离出来的商业银行功能的国有银行——中国工商银行——宣告成立。这样，在中国的银行体系中发挥主导作用的国有商业银行体系形成了基本框架。

以中央银行制度的建立为契机，中国进一步启动了大规模的金融机构创新热潮。

在商业银行方面，1986年，中国第一家以股份制形式组织起来的商业银行——交通银行重新开业。1987 年，第一家由企业集团发起设立的银行——中信实业银行宣告成立。继之，第一家由地方金融机构和企业共同出资的区域性商业银行——深圳发展银行也开始营业。其后，又有民生银行、海南发展银行等十余家股份制商业银行以及北京、深圳和上海等数十家城市商业银行成为中国商业银行体系中的新成员。

随着城市非国有经济的发展，城市信用社在中国的城市中迅速普及，在最繁盛时期，总数曾达 3000 余家。农村信用社适应着乡镇企业的发展也飞速扩张，最繁荣之时，总数曾高达 4 万多家。

非银行金融机构也迅速成长。信托投资公司如雨后春笋般出现。以企业集团为依托的财务公司从 1987 年开始出现，并很快就达到数十家的规模。投资基金也随着证券市场的发展破土而出。1991 年以后，随着股票市场的兴起，证券公司在全国迅速发展，最多时有近 200 家。

以上述发展为基础，从 1994 年开始，根据政策性业务和商业性业务相分离，以及银行业、信托业和证券业分业经营和分业管理的原则，货币当局又对中国的金融机构体系进行了大规模的改组。长期被包含在国有商业银行之中的政策性贷款业务被分离出来，交给了新成立的国家开发银行、进出口银行和农村发展银行这三家政策性银行；同时，国有银行也按照商业银行的方向开始了又一轮"商业化"改革。

货币市场和资本市场等长期被人们讳言的金融市场也从 20 世纪 80 年代初登堂入室。1981 年开始，在中国经济最发达的江苏和浙江地区，就出现了一些"地下"的以调节资金余缺为目的的资金拆借活动。1986 年 1 月，拆借市场正式被纳入中国的金融体系。

1982 年，人民银行倡导推行"三票一卡"（即汇票、本票、支票和信用证），可谓中国票据市场的发端。1982 年，中国恢复国债发行，资本市场发展开始启动。1991 年，在已有相当程度发展的国债市场基础上，国债回购业务开始试点。更应当大书特书的重大事件发生在 20 世纪 90 年代初，在此前全国企业股份制试点的基础上，上海和深圳两地的证券交易所分别于 1990 年年底开业，标志着股票市场正式成为中国社会主义市场经济体系的有机组成部分。

概言之，1978—1994 年短短的 15 年中，中国的金融机构从人民银行一家独享天下，爆炸式地分蘖成为包括中央银行、（全国性和区域性）商业银行、保险公司、财务公司、城乡信用社、非银行金融机构（证券、信托、租赁、基金等）、政策性银行等在内的门类齐全的现代金融机构体系，股票市场、货币市场、债券市场等也逐渐成为人们熟悉的投资场所。正是这种爆炸式发展，为中国储蓄率的提高奠定了可靠的体制和机制基础。

统计显示，从 1994 年始，我国储蓄率和投资率便双双走上稳步提升的道路。

1978 年之前，如同发展经济学的经典论断所述，中国的固定资产投资和经济增长始终受到"储蓄缺口"（储蓄率低于投资率）的约束。在开始改革的 1978 年到改革进入建设社会主义市场经济体制新阶段的 1993 年的 16 个年份中，中国储蓄率高于投资率和储蓄率低于投资率的情况分别各有 8 个年份。

1994 年之后，情况出现了根本变化。储蓄率高于投资率，成为中国经济的常态。这种状况表现在国内，就是银行存款的长期高速增长；表现在对外经济关系上，则是经常项目的长期、持续顺差，以及由此导致的外汇储备高速增长。

1978 年，我国储蓄率仅为 37.9%，1994 年便上升到 42.6%，并超过了当年的投资率（41.25%）。自那以后，我国储蓄率一路攀升，2008 年上升到 51% 左右，2013 年则保持在 50% 左右。与之对应，我国的投资率（资本形成）也稳步提高：从 1978 年的 38.22% 上升到 1994 年的 41.25%，2008 年达到 44%，2013 年进一步上升至 49% 左右。平均而言，三十多年来我国的储蓄率和投资率分别达到 39% 和 38% 左右，远高于同期其他发展中国家和历史上高速增长时期的发达国家。正是如此之高、持续如此之久且相互支撑的储蓄率和投资率，为我国三十余年 GDP 年均增长近 10% 的奇迹奠定了牢固的基础。

四、人口：从"负担"到"红利"

在短期内，投资率和储蓄率主要是资本利润率和利率的函数；而在长期内，投资率和储蓄率的高低则主要决定于人口结构。

高投资率和高储蓄率长期并存同"人口红利"密切相关。人口红利产生于人口的年龄结构变化：在一波"婴儿潮"之后的数十年里，通常发生的现象是，经济中适龄劳动人口比重增加，而儿童人口比重（少儿抚养比）和老年人口比重（老年抚养比）则相对下降。在人口发生这种结构变化的过程中，如果适龄劳动人口能够同时获得就业，则总人口的劳动参与率上升。劳动参与率上升至少从两个方面推动了储蓄率的上升：第一，工作人口比重的上升导致全部人口的总收入增加，这必然会提高储蓄水平；第二，年轻工作人口的相对增加，将会导致总人口的消费倾向下降、储蓄倾向上升，进而产生额外的储蓄率提高效应。进一步看，在高储蓄率背景下，如果投资率也能够相应提高，则经济将维持一个较高的增长速度。不过，需要特别明确指出的是，人口结构变化只是产生人口红利的必要条件之一，其充分条件则是持续不断地大规模提供就业机会，后者显然只能产生自大规模的工业化和城市化过程中。

研究显示，人口红利是一种普遍发挥作用的经济现象，只不过，在不同的国家和地区，人口红利发生的时间有先有后，而且，其对经济发展的影响程度也有深浅之别。

1949 年以来，中国的人口增长显著地经历了两波"婴儿潮"。一波是在 20 世纪 60 年代，人口自然增长率维持在 20‰—30‰左右的水平；另一波是在改革开放后的 80 年代，人口自然增长率维持在 15‰左右的水平。通过简单的推算便可知：60 年代"婴儿潮"期间出生的人口目前大约在 45—55 岁之间，这个年龄段的人口不仅是改革开放后劳动大军的主要组成部分，而且，随着其工作的逐渐稳定和子女长大成人，收入的相对增长和消费的相对下降，将导致这些人口成为主要的储蓄者。同样，80 年代"婴儿潮"期间出生的人口目前也已成为主要的生产者和储蓄者。毫无疑问，两波"婴儿潮"尤其是 60 年代的"婴儿潮"，有力推动了中国人口结构的变化，并对此间的经济增长产生了巨大影响。

同其他国家一样，人口年龄结构的变化在我国也产生了高储蓄率、高投资率和高经济增长率同时并行的"人口红利"现象。在适龄劳动人口比重增加的同时，我国适龄劳动人口的就业率一直维持在 98%左右的水平，这导致总人口的劳动参与率随着人口年龄结构的变化而递增。在改革开放之初的 1979 年，我国的总人口劳动参与率只有 42%，到 2004 年，总人口劳动参与率已经达到近58%，2010 年更高达 74.2%，自那以后，中国总人口劳动参与率开始下降，2014 年降至 67.0%[①]——虽然已经较前有所下降，但仍显著高于中等收入国家同期的 63.6% 和我国台湾地区的 60.4%。从趋势上看，总人口劳动参与率与储蓄率、投资率的变化是高度一致的。

近年来，随着中国经济进入以中高速增长为基本特征的新常态，人口红利成为朝野热议的主题之一。多数人说的意思是，过去几十年中国的经济增长，靠的是收获了几种红利，其中，人口红利最为显著也最持久。但如今，大约从 2009 年开始，人口红利将逝，我们急切需要为未来中国的经济增长规划新的支撑。

这一思路正常而且合理。然而，我们特别想指出的是，如果把将逝的人口红利仅仅视为人口问题，因而对未来的规划主要围绕人口而展开，那可能是一个误区。仅仅提请大家注意一个事实就够了：如今人人扼腕的作为人口红利产生之必要条件的总人口增长和总人口劳动参与率上升，在改革开放之前以及改革开放之后的一段时期中，却是人人必欲除之的负担。那时，论及人口，从国内到国外，从理论到政策，众口一词地都认为它是影响中国发展的"癌症"和"死荷重"。因为有了过多的人口，而且人口结构高度年轻化，中国自己解决不了自己的就业问题和吃饭问题，所以需要控制人口，终至产生了如今备受争议的"计划生育"政策。若深入讨论，关于这个问题，改革开放之前还有著名的马寅初之辩值得记取。时任北京大学校长的马寅初教授坚称人是"口"。鉴于地少、粮少、人多的现实，他主张要计划生育，控制人口。反对者坚称人是"手"，"众人拾柴火焰高"，所以不必介意人口增长。在当时及

---

① 数据均来自国家统计局。

其后的一段时期中，马寅初显然是对的。反对者们虽然仍在口头上坚称马寅初的"马"是马尔萨斯的"马"而非马克思的"马"从而给予批判，但在实践上也不得不在"文化大革命"期间将两千万"知青"乃至一些城市青年下放至农村，以缓解城市的就业困境。然而，不得不承认的是，改革开放以来，我们又显然是在"人口红利"的概念下，享受着传统体制留给我们的众多年轻人口。

同样一个人口，它可以是谈之色变的负担，也可以是一个令人难以忘怀的红利，个中分野，显然需要联系其他社会经济条件及其变化方能说得清楚。笔者以为，通过改革，创造出将人口从负担转化为红利的一系列社会经济条件，正是中国经济奇迹的真正沃土。

五、工业化和城市化的作用

从各国的经验看，人口年龄结构的变化只是高储蓄率、高投资率和高经济增长率同时并存的必要前提条件之一。形成"三高"的另一个前提是适龄劳动人口能够就业尤其是在经济增加值较高的非农产业中就业。在这里，将人口引导到非农产业就业是一个至关重要的因素，因为，非农产业的劳动生产率较高，所以，大量农业人口进入非农产业就业，将导致就业人口的收入显著上升并带动总人口的收入上升，进而引发一个经济增长和劳动生产率提高相互促进的良性循环。同时，劳动力从农业向非农产业转移，由于减少了农业就业人口，从而亦会产生提高农业就业人员收入水平的效果。于是，全部人口的收入上升必将带来储蓄增加的效应，而储蓄的增加又为投资的增加提供了条件，从而形成一个非农产业就业增加、收入上升、储蓄上升、投资上升、非农产业就业进一步上升的良性循环。

非农产业就业率的上升，首先同工业化进程密切相关。如果说人口结构的变化是人口红利产生的基础，那么，工业化则是人口红利产生的必要条件。这意味着，人口红利的产生还有赖于工业化进程的推进。

最近，国际计量史学界披露了一项最新研究成果，认为，就经济社会发展而言，工业化是三千余年来人类历史上最重大的事件。[①] 其他事件虽很有趣，但不重要。因此，人类历史只有工业革命之前的世界和工业革命之后的世界之分。因为，从大的方面看，世界人均 GDP 在公元 1800 年前的两三千年里基本没有变化，只在工业革命之后才逐渐上升。微观方面，工业革命之后人类的生活方式、社会结构、政治形态以及文化内涵都有本质性的大变革。在工业化之前，包括中国在内的所有国家，经济增长都服从马尔萨斯定律。即，在生产率不变的情况下，自然灾害或战争导致人口死亡，继而人均收入增加，为下一轮生育率上升、人口增长提供条件；可是，人口增长后，人均土地和人均收入又会减少，生存挑战越来越大，进而导致战争或瘟疫发生，并使接下来的人口又减少，如此循环不已。工业化打破了这个循环，因为工业化使得人类可以进行"迂回生产"。因为有了迂回生产，大量的科学技术就能对象化，财富才可能不断积累。所有这一切，都导致生产率不断提高。

接下来的问题是，工业化如此重要，它发生的条件是什么，为什么它首先发生在英国？西方经济学家的结论是，因为那里的封建社会向资本主义社会的转换，是通过非暴力的"光荣革命"实现的，

---

① 见《陈志武：量化历史研究告诉我们什么?》，《经济观察报》2013 年 9 月 16 日。

继而实行了宪政，在意识形态上则归功于启蒙运动，等等。

这是一个极有趣味、充满挑战而且具有世界性影响的论题。按国际标准，中国的传统工业化已基本完成，但我们显然走的是与英国和其他西方国家不同的道路。我们用暴力革命推翻了半封建半殖民地的旧中国；我们在中国共产党领导下，从旧民主主义革命、新民主主义革命到社会主义革命和社会主义建设，一步步走上了建设社会主义市场经济的道路；在推进工业化的早期，我们的政府发挥了主导性作用，改革开放以来，我们既有类似发展私有经济、推广"承包制"等的体制变化，也有维持集体所有，通过乡镇企业的成长壮大而取得重大进展；等等。归纳而言，政府的积极作为、人民的自主创造、多元的产权结构、集体组织的转型等等，构成中国工业化的主要动力。

中国工业化的模式及其效果在改革开放前后显然存在极大的差异。在改革开放前，计划经济体制和不顾客观经济规律的重工业化冲动抑制了中国的正常工业化进程；改革开放后，随着市场经济体制逐步建立，工业化进程开始遵循经济的客观规律而顺利展开。

就改革开放后的工业化进程及其效果而言，一个有意义的指标就是非农就业人口占全部就业人口比重逐渐上升。以非农就业人口的变化为线索，我们可以将 1978 年后我国的工业化进程划分为四个阶段。1978—1990 年为第一个阶段。这个阶段的工业化是在农村经济体制改革的推动下展开的，得到发展的主要产业是轻工业。1991—2000 年为第二个阶段。国有经济体制改革和对外开放构成此间工业化的主要推动力，获得快速发展的主要产业是出口导向的加工业和一般制造业。2001—2012 年为第三个阶段。在这个阶段，我国各项改革开放政策都得到进一步深化，在产业发展上，则呈现出显著的重工业化趋向。2012年以来为第四个阶段。迅速的全球化、服务业高速发展并导致第三产业占比超过第二产业占比，是这一阶段的突出特色。这意味着，不仅我国非农就业占比仍在提高，就是在非农就业内部，其优化过程已经展开。

说到运行机制，高储蓄率和高投资率既是工业化得以进行之因，也是工业化顺利展开之果；因果循环，生生不息，便有了中国长期的高增长。然而，我们也可以在20世纪70年代的拉丁美洲那里找到两者不一致而没有产生人口红利的例证。那时，拉丁美洲也曾出现有利于经济增长的人口结构变化，但是，由于拉美各国采取了错误的工业化发展模式，致使那里没有像后来的东亚那样普遍出现"三高"，从而丧失了加速经济发展的机遇。

进一步讨论，非农就业比率的上升，不仅反映了经济的工业化进程，也清晰地记载了城市化的步调。事实上，工业化和城市化是同一件事物的两个不可分割的过程。从人口区域分布的角度看，城市区别于农村的一个显著特征，就是人口相对集中。而人口之所以能够集中起来形成城市，其基本的推动因素就是人与人之间形成了广泛的分工和交换网络。与工业革命之前的封建城市和贸易城市相比，工业化从两个方面极大地推动了市场规模乃至城市的发展：第一，工业化使得具有规模经济优势的工厂得以产生；第二，工业化使得工厂和工厂之间、产业和产业之间产生了相互促进的聚集效应。反过来，通过劳动力市场、中间品市场和消费品市场规模的集聚和扩大，城市化也极大地促进了工业化的发展。

伴随工业化的进程，改革开放后中国的城市化水平也迅速提高。1978年，我国城镇人口占总人口之比仅为17.9%，1993年城镇人口占比上升到27.99%，15年上升了约10个百分点。1994年以后，随着社会主义市场经济建设的全面展开，城市化进入快车道，城镇人口占比由 1994 年的 28.5％跃升到 2014 年的 54.77％，20 年上升了约 26 个百分点。

城市人口和就业人口的增加，同样推动了储蓄率和投资率的上升。首先，由于城镇就业集中在人均收入较高的第二和第三产业，就业的增加和收入的提高必然导致储蓄率上升。其次，城市化也意味着基础设施建设、房地产投资的大幅度增加。其三，城市化过程不仅直接推动了储蓄率和投资率的上升，而且，通过城镇居民的消费结构升级，还导致了投资的增加。虽然由于存在收入分配不公等现象，我国依然存在贫困问题，但是，对于越来越多的城镇居民来说，住房、汽车、休闲、旅游等正在成为新的消费热点。尤其值得指出的是，从 20 世纪 90 年代中期开始的以消费信贷扩张为主要内容的金融结构的调整，有效纾缓了当期收入及储蓄的积累对居民消费大宗消费品的预算约束，更好地平滑了消费者生命周期内的收入，给予人们预支未来收入的便利。这为我国居民尽快实现第三次需求结构的升级提供了强有力的金融支持。毫无疑问，居民需求结构的升级，将给社会基础设施、市政建设以及汽车、住房等新产业带来巨大的需求；而这些需求又将对煤电油运等产生了长期且持续的巨大压力。这些需求和压力，均要求投资率保持一定的水平。

说到工业化和城市化，还有一个关于两者关系的问题需要讨论。

由高投资引发的城镇化进程，必然与工业化有着千丝万缕的关系。中国的实践显示，我们的城市化显然是由工业化引致的。城市化跟随工业化而展开，造成了我国城市化落后于工业化的现实。这一点，曾引起很多研究者的诟病。我们认为，城市化滞后于工业化，不仅不是中国经济发展的弊端，相反，工业化先行，产业发展先于城镇发展，恰正是中国经济发展的成功之处，也正是中国发展道路的主要经验之一。因为，它遵循的是"投资增加——产业发展——就业增加——人口集中——储蓄增加——城市发展——投资增加……"的自然发展过程。这一发展路线，保证了数以亿计的流动人口获得了就业的支持，从而大规模避免了一些发展中国家过早出现大城市无序膨胀、贫民窟遍地的严重社会问题。

六、简短的结语：渐进式改革的成功

以上我们从劳动力转移入手，着重探讨了高储蓄、高投资、人口红利、工业化、城市化等因素如何"风云际会"，共同成就了中国经济三十余年高速增长的奇迹。我们表达的分析逻辑是：从机制上说，上述诸因素风云际会，并共同为中国的经济增长贡献正能量，以储蓄率的提高为必要条件和基础；而储蓄率的提高，则归因于我国金融体系在改革之初的爆炸式扩张，归因于我们形成了对居民、企业和各级政府的正向激励机制；而金融体系的扩张和正向激励机制的形成，显然是中国式渐进改革智慧的结晶。

经历了长达三十余年年均 9.8% 的高速增长，如今的中国已进入了以中高速增长为外在特征的新常态。资源配置效率下降、人口红利式微、资本积累效率降低、资源环境约束增强、产能过剩、杠杆率飙升以及金融领域"量宽价高"悖论等同时出现，既是导致经济增长速度下滑的原因，也是摆在我们面前的新挑战。

中国经济新常态决不仅仅意味着增长速度下滑，其深刻的内涵则是经济增长的质量提高和效率改善；综合的结果，便是中国经济将迈上新的台阶。在我们看来，新常态区别于常规经济周期中的衰退和萧条阶段，它是经济发展脱离常轨，另辟蹊径的新发展。在全球范围内，另辟蹊径意味着供应链的重组、经济结构的转变、治理体系的重塑和大国关系的再造；在国内，除了上述全球共性，另辟蹊径还意味着对投资驱动和出口驱动增长方式的脱离，对质量、效益、创新、生态文明和可持续发展的追求，并由此越过"中等收入陷阱"，迈上中华民族伟大复兴之路。简言之，新常态意味着中国经济"浴火重生"。

然而，中华民族的伟大复兴绝非唾手可得。当我们说新常态开拓了通往新繁荣的康庄大道，那也指的是它为我们创造了新的战略机遇，为我们发展的新阶段提供了新的要素、条件和环境——机遇要变成现实，还有待我们以壮士断腕的决心去积极推进各个领域的改革，切实完成转方式、调结构的历史任务。

完成这一历史任务需要具备一些条件。这些条件，在中国依然基本具备。中国正处于传统工业化基本完成、新型工业化、新型城镇化和农业现代化正在展开过程之中。鉴于中国的储蓄率和投资率仍然处于高位且还将持续10年甚至更久，支持新型工业化、新型城镇化和农业现代化的资金基础依然强固。因此，我们完全有理由相信，中国经济的增长前景仍然十分光明。

包容性发展延续中国奇迹

蔡　昉[*]

导语：国内外学者在探讨中国奇迹之谜时，曾经举出这样那样的因素，用以解释中国奇迹。如果用更为概括的方式来说，中国经济奇迹来自于改革开放创造的包容性发展。诚然，目前我国城乡居民在收入和基本公共服务供给方面的差距仍然很大，但总体而言，我国在经济增长方面取得的成功，的确是包容性发展的结果。

我国在改革开放的三十多年里，实现了年平均 9.8% 的国内生产总值（GDP）增长率，在世界上一枝独秀。与此同时，人均GDP 和城乡居民收入的提高幅度也堪称奇迹。在 1978—2013 年这35 年间（按照 20 世纪 80 年代初我国的平均预期寿命算，相当于一个人的半生时间），人均 GDP 实际增长了 17 倍多，超过历史上任何国家增长最快时期一代人经历过的生活水平改善幅度。例如，

＊　蔡昉：中国社会科学院副院长。

在发达国家历史上增长最快的时期，平均来说，一个人终其一生实现的生活水平改善程度，英国只有56%，美国大约为一倍，日本也仅仅为10倍。难怪美国经济学家萨默斯感慨：300年之后的历史学家，一定不会忘记大书特书这一史无前例的中国奇迹。

国内外学者在探讨中国奇迹之谜时，曾经举出这样那样的因素，如市场取向的改革、有所作为的政府、收获人口红利、拥抱经济全球化，等等。这些因素无疑在非常大的程度上可以解释中国奇迹，放入经济增长定量模型中分别具有一定的显著性。不过，列举种种解释变量的办法不仅过于学究气，往往也失之于碎片化。用更为概括的方式来说，中国经济奇迹来自于改革开放创造出的包容性发展。诚然，目前收入分配不均等现象还很严重，城乡居民之间在收入和基本公共服务供给方面的差距仍然很大，甚至按照每天收入1.25美元的国际标准，还存在着2亿左右贫困人口，所以，还不能说做到社会全体成员均等地从经济增长获益。然而总体而言，迄今为止我国在经济增长方面取得的成功，的确是包容性发展的结果。

人口众多是中国最大的国情，人力资源丰富也是中国最大的优势。我国的改革从农村实行家庭联产承包责任制开始，就是着眼于解放劳动力，从内涵和外延两个方面分别提高了劳动积极性和资源配置效率。从"以粮为纲"到农林牧副渔全面发展，从"离土不离乡"到进城务工经商，及至从民工潮到民工荒，正是以这种人力资源全面参与改革开放的模式，经济增长和收入提高都取得了前所未有的奇迹速度。根据作者及其同事的定量分析，改革开放以来，非农产业就业比重从1978年的29%提高到2013年的78%，务农劳动力比重则相应从71%下降到22%。农业富余劳动力的转移伴随着农民收入的提高和资源配置效率的改善。

1978—2013 年这 35 年来中国高速经济增长的 84% 可以归结于这种参与或包容水平的提高，包括劳动力增长、人力资本积累、劳动力从农业向非农产业转移的资源重新配置、人口抚养比下降带来的高储蓄率以及劳动力丰富阻止了资本报酬递减，等等。首先，人口抚养比的持续下降，为高速经济增长中的资本形成提供了人口基础，有利于国民经济保持较高的储蓄率。此外，充足的劳动力供给，在一定时期内阻止了资本投入的报酬递减现象。所以，很长时间之内，中国的资本回报率都是很高的。因此，在分解经济增长源泉时，高储蓄率和高资本回报率这两个因素，都表现为资本投入的贡献率。其次，劳动年龄人口持续增长，保证了充足的劳动力供给，并随着劳动者受教育程度的提高，使中国在参与经济全球化的过程中，保持了明显的同等素质劳动力的低成本优势。也就是说，在很长的时期内，中国的竞争优势不仅表现为劳动力丰富和工资成本低，而且与其他发展中国家相比劳动力素质较高。最后，因农村在人口转变上滞后于城市，以及计划经济时期积累了大量的农业富余劳动力，在改革时期他们大规模转移出来，创造了劳动力从低生产率部门向高生产率部门流动的资源重新配置效率，成为这一时期全要素生产率提高的主要来源。当然，因人口改变而产生的人口红利贡献，并非只有上述几种变量可以囊括。

进入"十二五"时期以来，随着劳动年龄人口开始负增长，人口抚养比显著提高，人口红利逐渐消失，经济增长从高速转入中高速的新常态，如何通过改革获得有利于经济增长持续稳定的新红利，成为从经济学家到老百姓热议的话题。对于深刻认识和主动适应新常态来说，包容性发展的"中国故事"仍然有着重要的启示意义。例如，在选择改革的重点突破领域时，只有围绕解决好人民群众反映强烈的问题，回应人民群众的呼声和期待，破除制约市场主体活力和要素优化配置的障碍，才能充分发挥经济体制改革的牵引作用。因此，更加充分的就业、更加均等的基本公共服务供给，以及更具分享性的收入增长，既是人民群众最为期待的发展目标，也是有利于保持经济增长可持续性的重点改革领域。

人力资源仍将是我国未来发展的最大优势。对潜在的改革红利进行分析可见，增加劳动力供给、扩大人力资本积累、提高生产率和均衡人口发展，既能够产生立竿见影的稳定增长效果，也有利于经济发展的长期可持续，还可以进一步提高发展的包容性，在相关的领域推进改革可以获得显著的制度红利。这方面的改革涉及诸多领域，如旨在推进农业转移人口市民化和基本公共服务均等化的户籍制度改革，提高劳动者素质的教育和培训体制改革，渐进提高退休年龄的改革，以及生育政策逐步调整等。作者的具体估算表明，上述改革如能及时以适当的节奏加以推进，在 2030 年之前可以把 GDP 的年均增长速度提高 1 个百分点，在 2030 年之后则可以把 GDP 的年均增长速度提高 1.7 个百分点。

仅以户籍制度改革为例。目前有 1.7 亿农民工已经稳定地在城镇就业和居住，还有约 1 亿农民工在本乡镇内非农领域就业，一旦获得城镇户口和均等化的基本公共服务，总体而言，他们就不再因经济波动而周期性返乡，也不再因家庭原因而永久性退出城镇劳动力市场，非农产业的劳动力供给将更加充分。这种更具包容性的新型城镇化将继续吸引农村劳动力的增量转移，保持资源配置效率不断得到提高，为经济增长增添新的动力。而充分且稳定的就业、不断提高的收入和均等享受的社会保障，将进一步释放包括新市民在内的全体居民的消费潜力，可以使宏观经济的需求结构更加平衡，促进新的经济增长点的形成。

对经济发展必要转折点，如刘易斯转折点和人口红利消失转折点的跨越，并不必然导致健康、快速经济增长的终结，但是，却意味着传统增长模式走到了尽头。保持长期可持续增长，不仅要从人力资本和全要素生产率等角度挖掘新的增长源泉，还要形成更加包容性的增长模式。这个要求并非仅仅依靠基于再分配的公共政策就能做到，更重要的是要推动经济增长方式的转变，即把经济增长建立在一个能够更大限度地为劳动参与提供均等机会、促进城乡经济社会发展的一体化、提升产业之间协调性的基础上。总之，坚持把包容性贯穿在改革和发展中，可以让中国经济奇迹得以延续，如期实现中华民族伟大复兴的中国梦。

全面深化改革是渐进改革的必然结果

张卓元[*]

导语：1978 年，党的十一届三中全会决定，党的工作重心转移到社会主义现代化建设上来，实行改革开放。从那时起，中国实行渐进式改革，摸着石头过河，从农村改革起步，到 2012 年党的十八大后发展为全面深化改革，为中国经济起飞和经济社会科学发展不断提供强大动力。

1978 年，党的十一届三中全会决定，党的工作重心转移到社会主义现代化建设上来，实行改革开放。从那时起，中国实行渐进式改革，摸着石头过河，从农村改革起步，到 2012 年党的十八大后发展为全面深化改革，为中国经济起飞和经济社会科学发展不断提供强大动力。

---

* 张卓元：中国社会科学院学部委员。

一、提出全面深化改革是三十多年渐进式改革逻辑的必然结果

中国三十多年改革的成功经验表明，渐进式改革的显著特点是先着重推进经济改革，以振兴经济，为改变国家贫穷落后面貌并逐步迈向工业化和现代化提供坚实的物质基础。这也是为了更好地落实党的十一届三中全会关于把党的工作重心转移到社会主义现代化建设的根本方针。采取渐进式改革，不搞快速转轨、一步到位，可以减轻社会震荡，在保持社会稳定前提下调整经济关系和上层建筑的一些环节，以适应社会生产力的发展，稳步前进。这一点对拥有上十亿人口、经济欠发达仍然处于贫穷落后状态的中国来说，更为重要。因为经济比较落后，人均收入水平比较低，社会的抗震荡能力也就比较低。改革为什么从农村起步？就是因为 20 世纪 70 年代末中国物资供应特别是农产品供应紧张，主要农产品凭票供应，上亿农民吃饱穿暖的问题还没有很好解决，农民要求改变"一大二公"传统体制的要求特别迫切。农村实行家庭联产承包责任制以及接着逐步放开农产品价格后，农民开始有了生产经营的自主权，大大解放了社会生产力，农业生产迅速增长。1978—1985 年，农林牧渔业总产值年均增长率达 7.1%，大大高于一般年均 2%—3%的增速。

市场取向改革的初步成果增强了广大干部群众改革的信心和期望，增强了商品意识和等价交换的意识。1984 年，党的十二届三中全会作出了《中共中央关于经济体制改革的决定》，确认社会主义经济是公有制基础上的有计划的商品经济，提出进一步贯彻执行对内搞活经济对外实行开放的方针，加快以城市为重点的整个经济

体制改革的步伐，还提出，全面开展经济体制改革的中心环节是增强企业活力。从此，中国经济改革进入以城市为重点的全面开展经济体制改革的阶段。商品经济离市场经济从理论上和实践上说仅一步之遥，确认社会主义经济是商品经济，就为市场化改革打开了一扇大门。需要指出，中国在体制内对公有制经济特别是国有经济进行改革、引入市场机制的同时，在体制外允许和鼓励个体私营等非公有制经济发展，并逐渐成为中国经济迅速崛起的一个重要生力军。这是公认的中国渐进式经济体制改革的一个成功案例。

市场取向改革的推进和随之而来的经济的快速增长和市场的日趋繁荣，使市场化改革日益深入人心。1992 年，在邓小平关于计划不等于社会主义、市场不等于资本主义、计划和市场都是经济手段的思想指引下，党的十四大确立了社会主义市场经济体制的改革目标。从此中国开创了在一个大国把社会主义和市场经济相结合的伟大征程。中国经济迅速起飞，社会各项事业全面发展。到 20 世纪末中国已初步建立起社会主义市场经济体制，开始实现了从计划经济体制向社会主义市场经济体制的转型。

2001 年年底，中国加入世界贸易组织，对外开放进入了崭新的阶段，中国经济加快融入全球化的进程。加入世界贸易组织扩大对外开放，不仅大大促进了外向型经济发展，目前我国已成为世界第一外贸大国，而且有力地推动了市场化改革的深化，使我国各项经济活动必须遵循市场经济一般规则行事。

进入新世纪后，随着社会主义市场经济体制的逐步完善和经济的持续高速增长，除经济体制改革外，政治、文化、社会、生态文明体制的改革也日显重要和迫切。2012 年，党的十八大顺势提出全面深化改革的任务，2013 年党的十八届三中全会落实十八大精神，进一步提出全面推进经济、政治、文化、社会和生态文明体制"五位一体"的改革任务。这标志着中国的改革开放进入了一个崭新的阶段。首先，改革的目标更高更全面。过去主要提经济体制改革目标即建立和完善社会主义市场经济体制，政治、文化、社会等体制改革主要围绕建立和完善社会主义市场经济体制而展开，而党的十八届三中全会确定全面深化改革的总目标是完善和发展中国特色社会主义制度，推进国家治理体系和治理能力现代化。其次，全面深化改革是经济、政治、文化、社会和生态文明体制"五位一体"的改革，虽然经济体制改革是全面深化改革的重点，但现在是要全面推进"五位一体"的改革。再次，提出全面深化改革是经济体制改革深化的必然结果。实际上中国的经济体制改革从一开始就不是单兵突进的，在经济体制改革过程中，为配合和适应经济体制改革，一直在逐步推进政治、文化、社会和生态文明体制改革并取得明显成效。每次党的代表大会的报告除了着重论述经济体制改革外，都会分别论述政治、文化、社会等方面改革。1997 年党的十五大报告就提出了依法治国的方略，2004 年党的十六届四中全会专门作出了关于加强党的执政能力建设的决定，2005 年党的十六届五中全会建议就提出了加快行政管理体制改革是全面深化改革和提高对外开放水平的关键，还提出要建设资源节约型和环境友好型社会。2011 年，党的十七届六中全会通过了《中共中央关于深化文化体制改革推动社会主义文化大发展大繁荣若干重大问题的决定》。2007 年，党的十七大报告第一次把加快推进以改善民生为重点的社会建设独立为一个大部分，同经济、政治、文化建设并列，而党的十八大报告又进一步把大力推进生态文明建设独立设一部分，形成经济、政治、文化、社会、生态文明建设"五位一体"总体布局。

二、发展要求改革，改革推动发展

历史唯物主义告诉我们，社会发展主要依靠生产力的发展，要按照发展社会生产力的要求，调整和变革经济基础和上层建筑包括经济等管理体制。因此，我们推进改革的目的，是为了解放和发展社会生产力，促进经济增长和社会进步，提高人民的生活水平与质量。一方面，改革是在经济社会碰到严重困难或者受到严重瓶颈制约时人们寻找出路的重要抉择，比如20世纪70年代后期由于"文化大革命"使我国国民经济濒临崩溃，改革成为中国经济社会摆脱困境的关键抉择。又如前三四年，由于经过改革开放三十多年经济社会的飞速发展，积累了不少矛盾和问题，加上由于2008年国际金融危机的影响，经济社会的可持续发展受到严重挑战，为了更好地到2020年全面建成小康社会，跳出"中等收入陷阱"，顺利进入高收入国家行列并走向现代化，2012年党的十八大提出了全面深化改革的任务，以便继续释放改革红利，找到新的经济社会发展的动力源泉。另一方面，改革由于能够扫除妨碍经济社会发展的体制弊端，从而能有力地推动经济社会发展。中国改革开放后经济的飞速增长充分说明了这一点。1978—2014年，中国GDP年均增长近10%，即使是在国际金融危机后的2012—2014年，GDP的增速也达7%以上。由于经济的长期高速增长，20世纪末，中国已初步建立小康社会，实现了从卖方市场到买方市场的重要转变。2010年起，中国已超越日本成为世界第二大经济体。2014年，中国人均GDP已达7000美元以上，进入中上等收入国家行列。目前，中国已成为对世界经济增长贡献最大的国家。中国经济的崛起，从贫穷落后的弱国一跃成为在全世界各方面有重要影响的大国，让全世界人民都赞叹不已，被称为"中国奇迹"。

改革能解放生产力，促进经济增长，是改革开放三十多年来大家都能感受到的。20 世纪 80 年代，中国逐步放开农产品、小商品、工业消费品和工业生产资料的价格，结果是，放到哪里就活到哪里，一种商品特别是供给弹性大的商品价格一放开，起初价格会有所上涨，但随后不久商品供应就会增加并使价格逐步稳定下来，有的还会有所回落。这就是市场机制的魔力。中国由于逐步改革价格形成机制，由政府定价改为市场定价，各种各样商品都像泉水般涌流出来，到 20 世纪 90 年代后期，困扰了我们几十年的商品供应紧张、凭票供应、排队抢购等现象一扫而空，代之而出现的是商品供应丰富多彩、市场一片繁荣景象，老百姓普遍感到生活方便和满意。又如，近年来由于推进工商注册制度便利化改革，由先证后照改为先照后证，把注册资本实缴制逐步改为认缴登记制，大大改善了创业环境，调动了大家创业的积极性。商事制度改革以来，2014 年 3 月至 2015 年 1 月，全国新登记注册市场主体 1262.9 万户，同比增长 16.6%，注册资本（金）20.74 万亿元，增长 86.53%。平均每天新登记注册企业 1.06 万户①。

当前，中国经济开始进入与过去年均两位数增长但付出的资源环境代价过大不同的新常态。新常态的主要特点，正如习近平总书记 2014 年 11 月 9 日在亚太经合组织工商领导人峰会演讲时说的，"一是从高速增长转为中高速增长。二是经济结构不断优化升级，第三产业、消费需求成为主体，城乡区域差距逐步缩小，居民收入占比上升，发展成果惠及更广大民众。三是从要素驱动、投资

① 参见《全国实有市场主体突破 7000 万　今年开工或筹建保障房超 700 万套》，《人民日报》2015 年 2 月 14 日。

驱动转向创新驱动"。这三点表述比前一段时间流行的所谓中国经济进入三期叠加(即增长速度换挡期、结构调整阵痛期、前期刺激政策消化期)阶段的表述更为准确。新常态三个主要特点中第一、二点同三期叠加中前两期是基本相同的,而第三点则表明中国进入经济转型和发展方式转变时期,这是具有实质性意义的、决定新常态能不能真正摆脱旧的已经走到尽头的增长方式的关键所在。而中国经济要很好地适应新常态,顺利实现速度换挡、结构调整、经济转型,关键是要深化改革,要靠改革为稳增长促转型提供不竭的动力,用改革红利来填补这几年逐渐消失的人口等红利。

随着改革开放后经济的高速增长,要求加快完善和发展中国特色社会主义各项制度,推进国家和社会治理体系现代化,包括更好地实行依法治国,促进文化大发展大繁荣提高国家软实力,加快以改善民生为重点的社会建设,推进资源节约型环境友好型社会建设等,也要求更好地在深化经济改革的同时,深化政治、文化、社会和生态文明体制改革,实行"五位一体"的改革,继续推进中国特色社会主义建设事业顺利发展。

三、扎实推进全面深化改革

全面深化改革是改革的攻坚战,不仅要统一思想,使大家充分认识到重新启动各方面改革的重要性紧迫性;要有好的顶层设计,党的十八届三中全会60条改革项目、336个改革举措就是一个很好的顶层设计;而且要克服既得利益群体的阻挠和干扰。为了更好地冲破思想观念的束缚、突破利益固化的藩篱,中央全面深化改革领导小组强有力的领导和推动是非常重要和必不可少的。全面深化改革还要选择好着力点和突破口，我认为，目前，应着力推进政府改革或政府职能转变改革，因为要使市场在资源配置中起决定性作用和更好发挥政府作用，首先要解决政府对社会经济活动干预过多和监管不到位问题，深化国企改革、财税改革、金融改革、收入分配改革、教育改革等等，也有待于政府改革的深化和到位。

经济体制改革是全面深化改革的重点。为什么全面深化改革要以经济体制改革为重点？我以为，最重要的，是我国今后相当长一段时间内仍应坚持以经济建设为中心，大力打牢中国特色社会主义的物质基础。今后无论是全面建成惠及全国 14 亿人口的小康社会、跨越"中等收入陷阱"进入高收入国家行列，还是到新中国成立一百周年时实现中华民族的伟大复兴、基本实现现代化成为发达国家，都要求我们奋力推进社会主义现代化建设。因此，需要着力完善社会主义市场经济体制，不断破除各种各样的体制障碍，进一步解放和发展社会生产力，激发各种社会活力和企业活力，使改革开放以来经济快速发展的势头能够更好地持续下去。我们要清醒地看到，改革开放后我国经济虽然经过 36 年的高速增长，但至今还是发展中国家，仍然处于而且将长期处于社会主义初级阶段，人均 GDP 仍然远低于世界平均水平（目前世界人均 GDP 在一万美元以上，而我国 2014 年人均 GDP 只有七千多美元）。按照有关标准，我国还有 2 亿左右的贫困人口[①]。即使按照我国年人均收入 2300 元（2010 年不变价格）的农村扶贫标准计算，2014 年农村贫困人口仍然有 7017 万人。我国工业化、城市化的任务还很重。我们要到 2020 年全面建成小康社会，其首要目标，就是实现国内生产总值

---

① 参见《经济迈向中高端势头明显》，《人民日报》2015 年 1 月 21 日。

和城乡居民人均收入比 2010 年翻一番。这就要求我们继续以经济建设为中心，一心一意谋发展，实现经济持续健康增长，对此不应有任何动摇。经济是基础，物质财富的增加是社会进步的基础。全面建成小康社会，首先要使经济转型和再上一个台阶，物质财富大幅增长，在此基础上，实现社会全面进步和转型。

党的十八届三中全会决定指出，"紧紧围绕使市场在资源配置中起决定性作用深化经济体制改革，坚持和完善基本经济制度，加快完善现代市场体系、宏观调控体系、开放型经济体系，加快转变经济发展方式，加快建设创新型国家，推动经济更有效率、更加公平、更可持续发展"。

党的十八届三中全会决定关于经济体制改革部分有许多新的提法和亮点，对深化改革意义重大，正在有力推动改革攻坚克难。第一，用市场在资源配置中起决定性作用的提法，代替已沿用了 21 年的市场在资源配置中起基础性作用的提法。"决定性"和"基础性"只有两字之差，但含义却有相当大区别。决定性作用能够更加确切和鲜明地表达市场机制对资源配置的支配作用，更好地反映市场经济的基本规律即价值规律的内在要求。特别是针对政府在一个时期以来越位现象严重，地方政府日渐公司化，从而妨碍市场主体活力的增强和整体经济效率的提高。因此，健全社会主义市场经济体制必须遵循市场决定资源配置这个市场经济的一般规律。目前，从中央政府到地方政府，都在逐步减少不必要的审批，减少对微观经济活动的干预，凡是市场能够做好且有效率的活动，都放手让给市场，不断增强市场主体的活力。

第二，明确混合所有制是基本经济制度的重要实现形式，要积极发展混合所有制经济。中国经过三十多年的改革开放，在国有等公有经济和资本发展壮大的同时，个体私营外资经济和民间资本也迅速发展起来。据财政部材料，2013 年年末国有企业所有者权益 37 万亿元。2012 年私营企业注册资本 31 万亿元，外商投资企业注册资本 15 万亿元。2014 年居民储蓄存款近 50 万亿元，其中有相当一部分可以转化为投资。积极发展混合所有制经济，就是为了进一步完善基本经济制度，更好发挥各种所有制资本的优势，取长补短，提高运营效率，更好促进经济增长。央企中石化 2014 年把油品等销售板块拿出 29.99% 的股权，作价 1071 亿元出售，经过竞拍，有 25 家境内外投资者购买，其中民营企业 11 家，投资总额 382.9 亿元，占 35.8%，国有资本如中国人寿等也买了不少，也有外资参股。[1] 这也为国有垄断企业放开竞争性业务推进混合所有制改革开了一个好头。

第三，国有资产监管机构以管资本为主，只当"老板"，不当"婆婆"。按照党的十八届三中全会决定的精神，今后各级国资委将主要致力于国有资本的优化配置，逐步增强国有资本的流动性，更好服务于国家战略目标。可以想象，国务院国资委将不再用主要精力去管 110 多家中央企业，包括选择经理层，每年给他们评级打分，决定企业管理人员的薪酬和工资总额，以及决定企业的投资和并购重组等等，而是集中精力管好为数不多的国有资本投资公司和运营公司，由他们向控股参股公司派出股东代表和董事。公司的重大决策由董事会作出，由市场化选聘的职业经理人进行经营管理，在市场上平等竞争，优胜劣汰。党的十八届三中全会决定指出，"国有资本投资运营要服务于国家战略目标，更多投向关系国家安

---

① 参见《谁参与了中石化混改盛宴》，《第一财经日报》2014 年 9 月 15 日。

全、国民经济命脉的重要行业和关键领域，重点提供公共服务、发展重要前瞻性战略性产业、保护生态环境、支持科技进步、保障国家安全"。又说，"国有资本加大对公益性企业的投入，在提供公共服务方面作出更大贡献"。这就为今后国资委如何优化配置国有资本指明了方向。目前我国国有资产有专家估计80%在竞争性行业，这个比例太高了，其中有不少是在一般竞争性行业，如房地产业（不包括保障房），今后要按照决定提出的提供公共服务等五个重点方面进行有进有退的调整，争取80%以上的国有资本集中在上述五个重点方面。与此同时，近期正在着手推进国有企业负责人薪酬制度改革。

第四，要更好地发挥个体私营等非公有制经济在发展社会主义市场经济中的作用。经过三十多年改革开放，中国个体私营等非公有制经济有了巨大的发展。目前，个体私营等非公有制经济对GDP的贡献已超过60%，对国家税收的贡献已超过70%，对就业岗位的贡献已超过80%，占投资比重超过60%，对促进经济增长、增加就业岗位、活跃经济生活、满足人民群众多方面需要起着不可替代的作用。党的十八届三中全会决定对如何进一步鼓励和引导个体私营等非公有制经济健康发展有不少新的论述和部署，指出，公有制经济和非公有制经济都是社会主义市场经济的重要组成部分，都是我国经济社会发展的重要基础；公有制经济财产权不可侵犯，非公有制经济财产权同样不可侵犯；坚持权利平等、机会平等、规则平等，废除对非公有制经济各种形式的不合理规定，消除各种隐性壁垒，制定非公有制企业进入特许经营领域具体办法；鼓励非公有制企业参与国有企业改革，鼓励发展非公有资本控股的混合所有制企业；等等。在决定指引下，我国个体私营等非公有制经济近年来有许多新的发展。

第五，加快完善现代市场体系，使市场在资源配置中更好发挥决定性作用。目前我国还存在不同程度的市场封锁和垄断，对价格管制过多，违法实行优惠政策，妨碍公平竞争等。党的十八届三中全会决定针对上述问题，提出，实行统一的市场准入制度，在制定负面清单基础上，各类市场主体可依法平等进入清单之外领域；建立公平开放透明的市场规则，推进水、石油、天然气、电力、交通、电信等领域价格改革，完善主要由市场决定价格的机制，实行统一的市场监管，清理和废除妨碍全国统一市场和公平竞争的各种规定和做法，严禁和惩处各类违法实行优惠政策行为，反对地方保护，反对垄断和不正当竞争，以及建立健全社会征信体系等。以上改革正在加紧推进。中国（上海）自由贸易试验区已于2013年9月29日正式挂牌。当天，以190条管理措施构成的2013年版负面清单对外公布。这是中国首个负面清单。2014年版负面清单大幅度减少到139条，减少了26.8%。①

第六，深化财税改革。党的十八届三中全会决定对财税改革特别重视，指出，财政是国家治理的基础和重要支柱，科学的财税体制是优化资源配置、维护市场统一、促进社会公平、实现国家长治久安的制度保障。决定提出了三个方面的改革重点：一是改进预算管理制度。实施全面规范、公开透明的预算制度。审核预算的重点由平衡状态、赤字规模向支出预算和政策扩展。建立跨年度预算平衡机制，建立权责发生制的政府综合财务报告制度，建立规范合理的中央和地方政府债务管理及风险预警机制。清理、整合、规范专

---

① 见《领导决策信息》2014年9月第38期。

项转移支付项目，逐步取消竞争性领域专项和地方资金配套，严格控制引导类、救济类、应急类专项，对保留专项进行甄别，属地方事务划入一般性转移支付。二是完善税收制度。深化税收制度改革，完善地方税体系，逐步提高直接税比重。逐步建立综合与分类相结合的个人所得税制。加快房地产税立法并适时推进改革，加快资源税改革，推动环境保护费改税。三是建立事权和支出责任相适应的制度。中央和地方按照事权划分相应承担和分担支出责任。保持现有中央和地方财力格局总体稳定，结合税制改革，考虑税种属性，进一步理顺中央和地方收入划分。2014年6月6日，中央全面深化改革领导小组第三次会议审议了《深化财税体制改革总体方案》，建议根据会议讨论情况进一步修改完善后按程序报批实施。中共中央政治局2014年6月30日召开会议，审议通过了《深化财税体制改革总体方案》，目前正在逐步落实中。

除以上各项外，党的十八届三中全会决定对金融改革、收入分配制度改革、健全城乡发展一体化体制机制、构建开放型经济新体制等，也作出了重要部署。

特别值得称道的是，党的十八届三中全会决定中央成立全面深化改革领导小组，负责改革总体设计、统筹协调、整体推进、督促落实。从全会决定通过到2015年2月，一年三个多月时间，中央全面深化改革领导小组已经举行了十次会议，每次会议都是由习近平总书记亲自主持，对各项改革作出了一系列的具体部署，强力推进各项改革。在被视为"全面深化改革元年"的2014年，改革呈现加快推进之势，中央全面深化改革领导小组确定的80个重点改革任务基本完成，中央有关部门还完成了108个改革任务，共出台370条改革举措等，数量之多、频率之高、力度之大，前所未有。[①] 中央政府带头推进审批制度改革，在 2013 年取消和下放 416 项行政审批事项基础上，2014 年又分三批取消下放行政审批事项 247 项。[②]

全面深化改革不限于经济改革，2014 年基本完成的 80 个重点改革任务也不限于经济领域的改革。2014 年 10 月，党的十八届四中全会作出了《中共中央关于全面推进依法治国若干重大问题的决定》，共提出了 190 项改革举措。2015 年 2 月 27 日，习近平总书记主持召开的中央全面深化改革领导小组第十次会议指出，要抓紧编制党的十八届四中全会重要改革举措中长期规划，以施工图方式明确 190 项改革举措的改革路径、成果形式、时间进度。[③] 全面深化改革和全面依法治国是姊妹篇，全面深化改革需要法治保障，全面依法治国也需要深化改革。

中国现阶段仍然处于工业化、信息化、新型城镇化和农业现代化相互促进时期，发展潜力巨大。我们坚信，在全面深化改革推动下，中国将越来越在创新驱动下不断提高经济活动的质量和效益，使今后较长时间保持 7% 左右的中高速增长，与此同时，中国特色社会主义的各项制度逐步成熟和定型，人民群众将更好地更切实地享受到经济社会发展的成果！

---

① 参见《改革让中国道路越走越宽广——三论协调推进"四个全面"》，《人民日报》2015 年 2 月 27 日。

② 参见《政策正在变成金山银山》，《经济日报》2015 年 2 月 28 日。

③ 参见《习近平在中央全面深化改革领导小组第十次会议上的讲话》，《人民日报》2015 年 2 月 28 日。

市场机制激发经济活力

胡家勇 *

导语：实践证明，市场机制是迄今为止人类所发现的最为有效的资源配置工具。正是通过经济体制改革建立的社会主义市场经济体制，激发经济社会活力和创造力，不断促进资源优化配置、释放经济增长潜力，我国经济才得以成功实现转型、取得巨大成就。同样，能否续写中国经济奇迹，很大程度上取决于能否不断完善社会主义市场经济体制。

改革开放三十多年来，中国经济经历了双重转型：一是从农业社会向工业社会、城市社会和现代社会转型，一是从计划经济向社会主义市场经济转型。双重转型取得了巨大的成就。改革开放后的三十多年，我国经济以年均近 10% 的速度增长，5 亿人口摆脱贫困，贫困率由 65% 以上降到 10% 以下，所有千年发展目标都基本得以

---

* 胡家勇：中国社会科学院经济研究所研究员。

实现，成为世界第二大经济体，并成功迈入中上等收入国家行列，实现了经济发展的"奇迹"。

中国经济奇迹的主要原因在于经济体制改革所建立的社会市场经济体制实现了有效市场与有效政府的有机结合，激发了经济社会的活力和创造力，不断实现资源的优化配置和经济增长潜力。

一、市场具有激发经济活力和创造力的内在机制

东西方国家的实践证明，市场机制是迄今为止人类所拥有的最为有效的资源配置工具，因为市场机制能够以最快的速度、最廉价的费用、最简单的形式把资源配置的信息传递给利益相关者，而利益相关者又能够自主决策并作出迅速的反应，从而使各类资源处于有效流动和动态优化配置之中。从功能上看，无论是消费品（包括重要消费品）的最优分配，还是生产要素的最优配置，抑或是动态的经济发展问题（包括结构调整），市场机制都基本可以很好地解决。

改革开放以来，我们党对市场机制在经济发展中作用的认识随着实践的发展而不断深化和理论化。开启中国改革开放大幕的党的十一届三中全会就明确提出"重视价值规律的作用"。党的十二届三中全会通过的《中共中央关于经济体制改革的决定》指出，"只有充分发展商品经济，才能把经济真正搞活""必须自觉依据和运用价值规律"。党的十四大报告明确提出"经济体制改革的目标是建立社会主义市场经济体制""市场在社会主义国家宏观调控下对资源配置起基础性作用"。提出市场在资源配置中起基础性作用，

是我们党对市场经济认识的一次飞跃，有力推动了我国的经济体制改革。以习近平为总书记的党中央在新的历史条件下提出了新的论断，指出："市场在资源配置中起决定性作用和更好发挥政府作用。市场决定资源配置是市场经济的一般规律，健全社会主义市场经济体制必须遵循这条规律"。这一新论断是对我国改革开放三十多年实践经验和理论创新的科学总结，反映了世界各国在谋求经济发展和国家现代化过程中的成功经验，必将对我国完善社会主义市场经济体制起到至关重要的作用。

市场经济之所以能够激发经济社会的活力和创造力，主要原因是在市场经济中有三条重要规律在起作用，即价值规律、供求规律和竞争规律。价值规律迫使企业不断进行技术、组织和管理创新，降低生产成本，最大限度地提高劳动生产率。供求规律则调节着不同商品的供求关系，从而促使生产要素在不同产品、不同产业、不同地区甚至不同国家之间不停歇地流动，保证各类资源投入到社会最需要的领域和环节。从长期来看，通过供求规律的动态调节，市场机制可以改善和优化经济结构。从这种意义上讲，市场机制可以缓解我国长期以来存在的重复投资和产能过剩这一经济顽疾。竞争规律迫使优胜劣汰，使资源流动到最能有效利用它们的人手中和最能发挥作用的生产领域，最终使消费者得到物美价廉的产品和服务。前联邦德国总理、经济学家艾哈德在《来自竞争的繁荣》一书中高度评价竞争作用，他说："竞争是获得繁荣和保证繁荣最有效的手段。只有竞争才能使作为消费的人们从经济发展中受到实惠。"

从更深层次上讲，市场经济的最大优势在于，它通过市场中错综复杂的网络和千丝万缕的联系，动员起了潜藏在千百万人中的财富、资源、知识、信息、技能和各种潜在的创造力，使它们成为生产力发展的不竭源泉。人民群众是财富的创造者，而市场机制是动员人民群众参与财富创造的好机制。而且，在社会主义市场经济中，人民群众不仅创造着财富，同时也通过市场机制分享着财富，享受着选择的自由。

中国改革开放三十多年的快速经济成长证明了市场经济的巨大力量。

第一，市场力量激发各类财产和社会财富的迅速增加。不仅国有资产大幅度增加，非公有资产也大幅度增加，居民家庭持有的房产、股票、债券以及银行存款和各种理财产品等财产也随之大幅度增加。社会财富在涌流，财富中国在成长。据国家统计局的数据，2013年我国各类工业企业总资产已达105万亿元；另据招商银行和贝恩公司的统计，2010年我国个人持有的可投资资产已达62万亿。这既是以往财富的积累，又是新财富创造的基础。

第二，各类市场主体迅速成长起来。国有企业和集体企业等公有制企业，私营企业、个体工商户、港澳台企业和外资企业等非公有制企业都在发展壮大。2013年，我国各类企业已达241万户，其中国有企业2万户，私营企业176万户。各类企业扮演不同的角色，发挥不同的功能，相互竞争又相互补充，使中国经济呈现出勃勃生机。更为重要的是，以股份制企业为代表的混合所有制企业在市场经济中迅速成长起来，它融合各类资本的优势，成为新的资本力量和公有制经济的重要实现形式。

第三，市场经济激励了企业家的成长。熊彼特在《经济发展理论》中把企业家才能视为经济增长和发展的原动力，正是企业家的"创造性毁灭"和不断创新推动着经济发展水平的波浪式上升。经过三十多年的市场经济洗礼，我国已经成长起一支宏大的企业家队伍，他们在千变万化的市场中识别新机会、开辟新市场、寻找新资源、从事新投资、承担各种风险，他们创造财富、捍卫财富，也增长着自己作为企业家的才干。经济生活也在企业家的奋斗和成长中欣欣向荣。

第四，市场经济为低收入群体提供获取收入的机会。市场经济激励收入向资本转化，促进资本积累，鼓励人们创业，从而不断创造出大量的工作机会。尤其是，市场经济能够创造出大量适合低收入群体的工作岗位，使他们有机会从事非农工作和获取较高的工资性收入。改革开放以来，我国数以亿计的农民从农村转移到沿海地区和城市的非农部门就业，极大改善了他们的经济地位，激发了他们的经济潜力，同时使他们分享到了中国经济快速发展的成果。

第五，市场经济给予人们职业选择和消费选择的自由。人们根据自己的才能、兴趣和收入选择工作，职业的流动性提高，自我发展的空间扩大，自我价值在更大程度上得以实现。又根据自己的爱好和收入选择所喜欢的商品和服务，个性得到张扬，满足感得到提升，人生得以升华。人们的个性化选择转化为市场信号，诱导企业家决策，从而使生产活动和经济结构更加贴近人们的现实需要，整个经济进入良性循环的轨道。

二、有效市场和有效政府有机结合，促进经济社会持续健康发展

社会主义市场经济强调有效市场和有效政府的有机结合，这对于转型国家和经济快速成长国家尤为重要。市场机制将潜藏在人民群众中的财富、资源、知识、信息、技能、激情和创造力动员起

来，激励大众创业，万众创新，孕育着生产力发展的不竭源泉。而政府则创造市场机制赖以顺畅运转的制度基础和宏观环境，确保人民群众不仅积极创造财富，而且能够公平地分享财富。

政府与市场犹如鸟之双翼，车之双轮，缺一不可。历史经验表明，在经济发展和现代化的各个阶段都要充分发挥好政府和市场的作用，在德国、日本这样的发达国家和东亚一些发展较好的国家和地区，在其现代化建设或者现代产业发展过程中，政府都曾通过制定发展战略、集中优质资源、扶持主导产业等方式推动经济发展。我国改革开放以来的经验也证明了这一点，那就是，不断扩大市场机制作用，同时有效发挥好政府作用。

政府作用的有效发挥体现在以下几个方面：

第一，为社会主义市场经济提供制度基础。现代市场经济是建立在一套完备的支持性制度之上的，而制度建设是政府的基本职责。改革开放以来，政府在制度建设上取得了明显的成就。社会主义市场经济是法治经济，我们已经形成了一套比较完备的、与现代市场经济相吻合的法律体系，可以在法律层面上规范公民、市场主体和政府的行为，保障人民生命财产安全和良好的经济社会秩序。党的十八届四中全会通过的《中共中央关于全面推进依法治国若干重大问题的决定》必将推动我国法治国家、法治社会和法治政府建设迈向新阶段。产权是所有制的核心，它能够为各类经济主体提供正当的激励，鼓励人们积累财富和有效配置自己的资源，并展开充分的竞争。社会主义市场经济需要完善的产权制度，以清晰地界定产权和公平有效地保护产权。我国产权保护制度不断完善，为社会主义市场经济构建越来越坚实的产权基础和激励结构。对各类产权的保护程度不断提高，特别是非公有经济产权获得公平保护的程度不断提高，使劳动的果实得到尊重。《中共中央关于全面深化改革若干重大问题的决定》指出，国家保护各种所有制经济产权和合法利益，保证各种所有制经济依法平等使用生产要素、公开公平公正参与市场竞争、同等受到法律保护。社会主义市场经济需要有效的市场监管制度，以建立统一开放、竞争有序的市场体系。以食品药品安全、生产场所安全、环境保护和市场竞争行为监管为代表的监管框架正在形成和发挥作用。

第二，提供稳定的宏观经济环境。宏观经济的稳定是市场充分发挥功能的基本条件，有利于形成合理的价格信号，引导资源的有序流动；有利于生产者和消费者形成稳定的经济预期，从而作出合理的生产和消费决策。稳定的宏观经济环境还是金融市场发挥作用的前提。改革开放以来，我国的宏观经济环境保持基本稳定，政府通过财政政策、货币政策和其他政策的组合，使物价总水平、增长率、就业率和国际收支状况等主要宏观经济指标保持在良好水平上。与其他转型国家相比，我国宏观经济的稳定性是显而易见的。

第三，基础设施快速发展，奠定长期经济发展的基础。良好的基础设施对于经济社会长期发展的重要性得到了中外经验的证实。政府规划、政府投资在我国基础设施发展中起到了至关重要的作用，目前已经形成较为发达的公路、铁路、航空运输网，人流、物流和信息流比较顺畅，经济结构弹性增强。2014 年，我国新建铁路投产里程 8427 公里，高速铁路运营里程达 1.6 万公里，占世界的 60% 以上，高速公路通车里程达 11 万公里，有 3 条世界最长的跨海大桥，拥有世界 10 大集装箱港口中的 6 个，宽带用户达 7.8 亿户。良好的基础设施为市场经济运行和社会福利构建了骨架。

第四，编织安全可靠的社会安全网。分散社会成员的生活、工作风险，提高居民的福利水平，保证各个阶层的社会成员共享经济发展成果，是政府的基本职责。我国政府已经为城镇居民建立了包括养老、医疗、工伤等在内的较为完整的社会保障体系，通过新型合作医疗和新型农村社会养老保险等逐步将农村居民纳入到社会保障体系。由政府兜底的社会保障体系提高了社会成员抗风险的能力和劳动力的流动性，激发了全社会的创业、创新和冒险精神。

在建立和完善社会主义市场经济体制的过程中，政府职能也在向与现代市场经济相契合的方向转变。政府的微观干预活动大幅度减少，政府直接参与资源配置的程度明显降低，政府在经济领域的投资大幅度下降，从而为各类市场主体释放了广阔的活动空间。政府职能向着保持宏观经济稳定，加强和优化公共服务，保障公平竞争，加强市场监管，维护市场秩序，推动可持续发展，促进共同富裕和弥补市场失灵聚焦。

三、适应经济发展新常态，需要进一步释放市场经济活力

中国经济正进入"新常态"，创新和居民消费对经济发展的推动作用将更加重要，经济结构将更加复杂化、精细化，发展环境、市场需求的不确定性更大，资源优化配置的具体路径和效率改进的具体方式更加难以把握。适应经济发展新常态，需要重新划定政府和市场的边界和功能领域，让市场在资源配置中真正起决定性作用，让更多主体参与决策和承担风险，从而最大限度地释放市场经济的内在活力。

进一步释放市场经济活力，必须加快完善社会主义市场经济体制，通过全面深化改革来夯实市场经济的支持性制度。要进一步完善产权保护制度，使各类资本获得有效而平等的法律保护，让各类所有者享有运用财产的自由和享受创业、创新的果实，从而奠定市场经济最基本的激励基础；改革政府审批制度，通过制定市场准入的负面清单和政府的权力清单、责任清单来充分保证投资者的自由，使人们的创业、创新热情充分迸发；拆除各类市场壁垒，完善基础设施，特别是信息基础设施，形成全国统一大市场，促进消费品、生产要素和信息等在全国范围内的自由流动，保障人们在更大范围的选择自由，实现资源在更深程度、更高层次的动态优化配置。

宏观调控保障中国经济行稳致远

辜胜阻* 吴 瞳 李洪斌

导语：中国经济发展的每个阶段，宏观调控对于经济运行都发挥了至关重要的作用。这些作用主要体现在保持经济总量平衡，促进经济结构协调和生产力布局优化，缓解经济周期性波动影响，防范区域性、系统性风险，稳定市场预期，实现经济持续健康发展等。可以说宏观调控是中国经济行稳致远，不断创造奇迹的有效保障。

宏观调控的主要任务是保持经济总量平衡，促进重大经济结构协调和生产力布局优化，减缓经济周期波动影响，防范区域性、系统性风险，稳定市场预期，实现经济持续健康发展。

新中国成立六十多年来，我国经历了四次阶段性的宏观调控。一是 1949—1978 年计划经济时期的宏观调控，这一时期我国经济

---

* 辜胜阻：全国人大财经委员会副主任委员、民建中央副主席，武汉大学教授。

建设面临恶劣的国内外政治、经济环境，如何恢复国内生产、增加财政收入、建立社会主义经济体制，以维护和巩固新中国政权成为当时经济工作的重心。二是 1979—1991 年计划经济向市场经济过渡时期的宏观调控，这一时期我国总体上处于短缺经济状态，宏观调控的主要任务是治理通货膨胀，政府行政和计划调节占主导，开始引入货币政策、财政政策等概念和工具。三是 1992—2006 年社会主义市场经济建立和完善时期的宏观调控，市场的逐步放开使得一些方面出现了局部生产过剩，同时出现了一些产品的相对短缺，通货膨胀与紧缩压力同时存在。这一阶段宏观调控由原来直接的行政和计划手段为主，发展到以经济、法律等间接手段为主，财政、货币政策的调节作用越来越大。四是 2007 年至今经济全球化背景下的宏观调控，这一时期我国参与经济全球化的程度加深，世界经济形势变化对我国经济发展的影响越来越显著，宏观调控应对世界经济冲击的任务更加艰巨。为应对复杂多变的国际局势，解决经济发展中长期积累的深层次矛盾，保持经济平稳较快发展，我国宏观经济进入最为频繁的调控时期。[1] 总体上看，从 20 世纪 90 年代以来，我国宏观经济运行趋于平稳，宏观调控主要针对宏观经济的总量关系平衡相机抉择，以期达到经济增长、充分就业、价格稳定、国际收支平衡四大目标并实现均衡。[2]

一、宏观调控使中国经济在"两难"中行稳致远

进入 21 世纪，我国经济社会发展面临较大的复杂性和不确定

---

① 冯梅、王之泉：《宏观调控 60 年回顾与展望》，《经济问题》2010 年第 11 期。
② 刘瑞：《我国宏观调控目标再认识》，《企业经济》2011 年第 12 期。

性，需要权衡取舍又进退维谷的"两难"问题不断增多，化解的难度不断加大。经济发展中的"两难"主要表现为：

一是经济内生增长与可持续发展正面临坚持房地产调控与稳定经济增长的"两难"问题。我国房地产市场正面临严重的分化和深度调整：重点一、二线城市供需矛盾仍然存在，众多二、三线城市供过于求；中高端商品房供给比例较高，小户型商品房供应较少，供不应求；住房自有率较高，"重购轻租"观念盛行，住房租赁市场发展滞后。当前，大量资金脱离了实体经济流入房地产市场，在很多城市，住房市场价格快速上涨，房价与百姓收入增幅不协调，部分一线城市房地产泡沫严重，"宁炒一座楼、不开一家厂"现象盛行。房地产业是各行各业开发的先导，综合性强，关联效应大，与经济增长有着密切关系：房地产市场一头是投资，一头是消费；一头是金融，一头是实体经济；一头是民生，一头是经济增长；一头是政府、银行、消费者利益，一头是开发企业可持续发展。① 调控房价"保民生"会影响房地产业的发展速度，进而在一定程度上影响经济的增速，部分地区出现经济增长被房地产"绑架"的现象。据测算，每年房地产行业可拉动国民经济增长近 2%，房地产每投入 100 元即可创造出相关产业约 200 元的消费需求。对于地方政府而言，由于对土地财政的依赖，处理好房地产调控与经济增长之间关系的任务更加艰巨。

二是提高"居民收入占国民收入比重和劳动报酬占 GDP 比重"的分配制度改革正面临提高劳动收入与企业发展成本升高的"两难"问题。一方面，我国劳动者收入偏低，加快推进收入分配改革直接

---

① 辜胜阻：《防范风险促转型使经济行稳致远》，新华网，2014 年 7 月 28 日。

关乎民计民生；另一方面，企业尤其是中小企业生存和发展在很大程度上依靠廉价劳动力的成本优势，同时面临融资贵、用工难、成本高、利润薄等多重困境。我国收入分配和居民消费格局存在居民收入和劳动报酬比重过低并呈现不断下降趋势、收入差距日益扩大、居民生活成本不断攀升、企业薪外各类附加费过重、居民即期消费存在后顾之忧等问题，这使我国消费偏低成为经济发展中的最大"短板"。调整国家、企业、居民三者之间的分配关系刻不容缓。当前，我国经济正在进入转型拐点，农村富余劳动力由无限供给转向局部短缺，这种供求关系的变化迫使企业提高员工待遇和福利保障。而包含人力成本在内的企业成本攀升使得中小企业面临更加严峻的生存困境，是导致经济下行压力的一个重要因素。

三是建设"资源节约型和环境友好型"社会正面临资源价格改革与物价调控的"两难"问题。我国经济发展的突出问题是经济增长付出了巨大的环境代价，高能耗、高物耗、高排放和高污染问题严重。由于资源价格未能准确反映出资源的稀缺程度，价格引导机制的缺失造成资源的大量浪费和低效使用。价格信号及时、正确地显示是市场配置资源的基础。加快经济发展方式转型，必须加快资源价格形成机制改革，形成企业节能减排、淘汰落后产能的倒逼机制。但是资源性产品多属生产资料，其价格上涨会向下游产品传导，从而加剧物价上涨压力。推进资源价格改革是转变经济发展方式、调整经济结构的重要环节。①

有"两难"并不可怕，关键是怎样从理论上认真研究"两难"的矛盾症结所在，权衡"两难"，抉择"两难"，平衡"两难"，指

---

① 辜胜阻：《经济学要在研究"两难"中自信自强》，《人民论坛》2012 年第 12 期。

导中国经济在"两难"中行稳致远。

党的十八大以来，新一届政府改善宏观调控方式，寓改革于调控之中，针对楼市的分化和深度调整，从多方面改变房地产市场的调控方式：从应急式短期供需管理调控转向用长效机制实现有效管理；从单边需求调控转向供给与需求平衡的双向调控，既遏制投资、投机性需求，又加大热点地区的市场供给和保障房的供给；从偏重行政调控转向综合市场调节，发挥市场在商品房资源配置中的决定性作用；从单一的"增量"调控转向"增量"与"存量"调节并重；从"一刀切"式的大一统调控转向差别调节；从针对一线城市病因形成的大一统调控"药方"转向对不同地域、不同城市的差别调节；构建住房买卖市场与住房租赁市场相互协调的住房市场结构，引导住房梯度消费，确保中低收入阶层以租房的手段也能满足自身住房需求。①

提速收入分配制度改革，缓解收入分配差距，以"提低、控高、扩中"为主线②，通过完善个人所得税制度、建立健全社会保障制度、保护合法收入、取缔非法收入等方式缩小分配差距。通过"化税为薪"，综合考虑纳税人收入支出状况，实施个税改革，使中低收入者获得更多实惠。推行工资的集体协商，积极建立工资增长的机制，使职工的工资增长与企业效益适度挂钩。适度降低国民收入分配中的政府所得，提高居民所得和企业所得，实现藏富于民。同时，通过大力简政放权，鼓励创业创新，对中小微企业减负，通过

---

① 辜胜阻、吴永斌、曹誉波：《新常态下楼市分化与调控方式转型》，《学习与实践》2015 年第 3 期。
② 索寒雪：《中国收入分配改革进攻坚期 贫富差距现答案》，《中国经营报》2015 年 2 月 28 日。

减税、减费，缓解企业因劳动力成本上升的压力，并重视对企业的引导，使企业通过技术创新、管理创新等来增强企业核心竞争力，提高劳动生产率。近年来，我国居民收入水平显著提升。2014年，全国居民人均可支配收入同比实际增长8.0%，比人均GDP增速高1.2个百分点。农村居民人均可支配收入实际增速快于城镇居民2.5个百分点，城乡居民收入倍差比上年缩小0.06。[1]

积极稳妥地进行资源价格改革，把握好改革的时机、节奏和力度，尽量减少改革短期内产生的剧痛。在价格改革的同时，积极发挥财政政策的调节作用，加强对低收入者和中小企业的应急救助和财政扶持。同时，实施创新驱动，积极转变我国粗放型的工业化发展方式，提高资源利用效率，降低污染排放，相关措施紧锣密鼓地出台。2013年，国务院发布了《大气污染防治行动计划》十条措施，同时"水十条""土十条"也出台在即，将集中力量打好大气、水和土壤污染防治"三大战役"。[2]2014年环保法修订案审议通过，被称为"史上最严环保法"，为污染治理奠定了坚实的法律基础，完善了多元共治的环境治理体系和制衡机制。[3]2014年单位GDP能耗同比下降4.8%，创下"十二五"以来最大的年度降幅，"十二五"节能减排目标达标可期。[4]

在金融危机横扫全球的形势下，财政政策的有效利用能保持经

① 国家统计局：《2014年国民经济和社会发展统计公报》，国家统计局网站，2015年2月26日。
② 王尔德、马司原：《环保部：2015年将全面落实"水十条"，推动"土十条"制定实施》，《21世纪经济报道》2015年1月19日。
③ 辜胜阻：《向环境污染宣战需标本兼治》，新华网，2014年4月28日。
④ 国家统计局：《2014年国民经济和社会发展统计公报》，国家统计局网站，2015年2月26日。

济平稳较快增长。财政政策在实施宏观调控中有三大优势：第一，财政政策可以在短期内实现经济结构的调整。利用财政政策调整经济结构的外部时滞短、指向性强，在强势政府主导的宏观调控中效果更加明显。在治理供给不足引发的通胀压力时，财政政策可以在短期内直接、有效地改善短缺商品的市场供给，抑制过快的结构性物价上涨，同时也可为其他调控政策充分发挥作用争取更多的时间。第二，财政政策可以在抵御通胀压力的同时，拉动经济增长，有利于政府在宏观调控中实现"压通胀"和"保增长"之间的平衡。近年来，受全球经济增速明显放缓的影响，我国净出口的增速大幅下滑。在外需受到抑制的情况下，需要通过扩大内需弥补外需不旺对经济增长的拖累。通过实施积极的财政政策，可以稳定并刺激社会需求，为经济增长提供持续的动力。第三，财政政策可以有效弥补货币政策实施过程中产生的负面影响。从紧的货币政策可能对中小企业融资造成更大困难，"误伤"经济实体，损害经济运行效率。实施财政政策可以通过财政补贴和税收优惠的政策，最大限度消除从紧货币政策产生的负面影响，帮助因实施从紧货币政策而受到影响的企业渡过难关。[①]

我国货币政策的灵活性有利于调节实体经济的资本总量和融资成本。灵活的货币政策有利于有针对性地缓解中小企业融资困难，舒缓中小企业紧绷的资金链条，同时抵御国际金融市场动荡对我国经济的冲击。2007 年以后，美国次贷危机逐渐恶化，并演变成席卷全球的国际金融危机，主要发达经济体陷入了衰退之中，我国经济发展也受到巨大冲击。这场百年一遇的金融危机，是世

---

① 辜胜阻、易文：《论财政政策在我国当前宏观调控中的重要作用》，《中国行政管理》2008 年第 10 期。

界各国政府共同面对的一次大考,我国政府从经济发展的全局出发,财政政策由"稳健"转向"积极"、货币政策由"从紧"转向"适度宽松",迅速出台了包括"4万亿"经济刺激在内的扩大国内需求的十项措施。① 著名经济学家成思危先生在总结这次宏观调控时指出,如果没有这个经济刺激计划,我们2009年的增长,可能只有2.4%。由于有了这个经济刺激计划,经济增长速度实现了9.2%。② 但过度的经济刺激也带来了诸如产能过剩、库存积压、投资效益下降、环境成本大量增加和大量货币投放问题等负面影响。

宏观经济调控既是一门艺术,也需要高超的技巧。特别是在应对全球金融危机的过程中,宏观调控的关键在于把握好时机、方式和力度,实现有机协调、互补平衡。在面对复杂多变的国内国际经济形势,宏观调控重在用好"平衡术",处理好五个方面的关系:一是处理好货币政策与其他宏观调控政策的协调配合,既能积极稳定物价、管理好通胀预期,又能防止经济过快下行甚至出现经济衰退和通货紧缩,不断增强宏观经济调控的科学性、前瞻性、有效性;二是处理好房地产调控与经济增长之间的关系,既能有效遏制房地产价格过快上涨,又能推动经济持续稳定增长,减弱经济增长对房地产的过度依赖;三是处理好收入分配改革与企业发展之间的关系,既能提高劳动者收入,又能防止短期内企业生产成本增长过快影响企业发展;四是处理好基础性产品价格改革与物价调控之间的关系,既能利用资源价格改革引导企业节能减排,又能运用财政政策提高低收入者物价承受能力;五是处理好人民币汇率改革与出口企业生存发展之间的关系,既能利用人民币汇率调整加快经济发展方式转

---

① 辜胜阻:《应对危机需要强大合力保增长》,《中华工商时报》2008年9月24日。
② 成思危:《大量的投资产生四大负面效应》,搜狐证券,2010年11月12日。

型，又能切实关注出口企业生存状况，为其提供调整过渡期。①

二、中国宏观调控的经验和启示

中国宏观调控的经验和启示弥足珍贵。面对前所未有的困难，宏观调控少用应急之策，多用长效治理，在调周期的同时高度重视调结构。

在财政政策上，少补贴，多减税，用积极财政政策刺激和引导消费。补贴会出现不该补的补了，该补的没有补，容易造成"好心办坏事"，形成调控目标与实际效果之间的偏差。减税则比较公平，作用比较快，更有利于实现调控效果。要依靠积极财政政策，鼓励和引导城市不同收入人群的消费。要提高个人所得税起征点，放宽税前扣除范围，刺激消费需求。要继续加大公共支出，通过政府采购、转移支付等手段刺激和引导消费，利用乘数效应增加社会总需求。通过各类财政补贴以及税收优惠政策，鼓励创业，促进吸纳大量就业的小微企业发展，同时发挥财政兜底的作用，提高医疗、社保、教育等基本公共服务保障能力，继续改善中低收入人群的生活状况，提高居民的边际消费倾向。

在货币政策上，少用额度管理，多用政策性金融扶持，完善多层次的信用担保体系。虽然信贷额度有所放宽，但是目前银行仍然存在"惜贷"现象。其中一个重要原因就是中小企业的信用等级较低，贷款困难。因此，用政府的信用可以解决中小企业信用低的问题。建立多层次中小企业担保基金和政策性担保机构，完善多层次

---

① 辜胜阻、武兢：《经济"两难"需要宏观调控"平衡术"》，《光明日报》2011年1月28日。

的信用担保体系。第一层次是以政府为主体的信用担保体系，不以营利为目的。第二层次是商业性担保体系，实行商业化运作，坚持按市场原则为中小企业提供融资担保业务。第三层次是互助型担保体系。由于相关机制不健全，一些担保机构承担风险过大，往往通过寻求反担保条款或提高担保收费来转移风险。这极大地限制了担保机构便利中小企业融资的功能。通过发挥财政资金的杠杆作用，建立风险担保基金，主要用于担保风险的补偿和担保机构的激励，提高商业担保机构为中小企业融资提供担保服务的积极性。

稳增长，促就业，扩内需，保中小企业。宏观调控有着多重目标，在多重目标中要突出保重中之重。危机不仅对我国经济增长有冲击，还对我国就业产生影响。在一定的就业弹性下，经济增长率的下滑必然导致就业增长率的下降。危机期间，经济增长放缓，势必降低对就业的持续拉动作用。相当数量的中小企业接不到订单，经营困难，对就业形成巨大挑战。在危机中受冲击较大的行业部门，如房地产、金融证券业、进出口行业是整个金融危机中被卷入最深的领域。相当多的企业也放缓了招聘计划，这对大学生等新增就业人口的影响较大。在稳增长、促就业的过程中，重视内需与中小企业的作用，将扩内需、保中小企业作为有效的撬杠。扩大内需的关键在于启动农村消费市场，农村消费市场活跃的关键又在于提高农民收入。启动农村消费市场，首先，稳步推进农村土地流转制度改革，创新农地流转模式，提高农民收入和增加农民财富。其次，进一步疏通农村商品流通渠道。另外，重视加快城镇化进程，变农民消费为市民消费。针对中小企业的困境，"保中小企业"，实施对企业的各种税收优惠和财政补贴政策，帮助中小企业减轻要素成本上涨压力；积极构建支持中小企业的融资体系，拓展中小企业的融资渠道；帮助中小企业转型升级和实施产业转移，推进中小企业二次创业；帮助中小企业积极拓展产品的国内市场。

少点应急之策，多点长效管理，在调周期的同时高度重视调结构。以宏观经济政策来调整经济周期，可保持经济稳定较快发展。但是从提高经济持续增长能力的角度来看，宏观调控必然包含着结构转型的艰巨任务。长期以来，我国依靠"低成本、低技术、低价格、低利润、低端市场"的低价工业化模式在国际市场上赢得了竞争优势，但是在价值链环节上利润空间十分有限，使我国的经济发展付出了"高能耗、高物耗、高排放、高污染"的巨大代价。经济的可持续发展要求我们必须转变这种发展模式。破解多重困境必须采取"非常之策"，但需避免出台"头痛医头，脚痛医脚"的短视政策，统筹全局，站在战略的高度实施长远之计。

当机立断伸出"有形之手"，提振市场信心。房地产业投资在全部投资中占四分之一，在 GDP 中占 10% 以上，有 38 个门类产业与房地产业存在直接或间接的关系。房地产出问题，后果不可想象。在面临金融危机冲击的特殊时期，从某种意义上来说，信心比黄金和货币更重要。由于金融危机造成实体经济下滑，以及全球经济未来走向并不明朗，消费者普遍信心不足。危机本身所形成的恐慌和悲观情绪迅速扩散，严重打击了投资者和消费者的信心。尤其是在当时的中国，股市深度调整，楼市已显疲态，不少高收入人群的家庭或个人资产在市场的剧烈震荡中缩水，消费热情受到抑制，具有高边际消费倾向的中低收入阶层观望心理浓厚。这时候，非常有必要通过宏观调控尽可能降低实体经济下滑的幅度，缓解社会对未来经济发展的担忧，提升市场信心。①

三、新常态下的宏观调控

认识新常态，适应新常态，引领新常态，是当前和今后一个时期我国经济发展的大逻辑，适应新常态最重要的是加强和改善宏观调控。"新常态"关键在"新"，表明老路走不通了，经济发展必须从传统动力切换到新动力。新常态有很多标志，最重要的标志有四个：第一，经济增长的速度变化，由过去近两位数的高速增长转为中高速增长的"七时代"；第二，经济增长的动力变化，从"要素驱动""投资驱动"转向通过技术进步来提高劳动生产率的"创新驱动"；第三，经济增长的结构变化，由以工业为主的增长转为以服务业为主的增长，对外开放中"高水平引进来、大规模走出去"正在同步发生；第四，经济发展质量的变化，从过去过度重视经济增长速度转向着重经济发展质量和效益。

新常态下宏观调控首要的目标是稳增长、调结构，保持经济总量的平衡。《中共中央关于全面深化改革若干重大问题的决定》指出，宏观调控的主要任务是保持经济总量平衡，促进重大经济结构协调和生产力布局优化。稳增长是宏观调控的前提，调结构是宏观调控的重心。新常态下，经济工作的首要任务仍然是保持经济社会发展的稳步增长。只有稳增长，保持经济运行在合理区间，才能为调整经济结构、转变发展方式、深化体制改革等腾出空间，更好地满足扩大就业、提高居民收入的需要。与此同时，保持经济总量的

---

① 辜胜阻、武兢：《应对危机既要刺激内需又要促进转型》，《中国经济时报》2008 年 12 月 10 日。

平衡需强调经济结构的调整。我国正处于经济增长速度的换挡期、经济结构调整的阵痛期、前期刺激政策的消化期"三期叠加"时期，要特别关注我国经济转型过程中面临的四大"阵痛"。一是制造业去产能化。我国正在面临严重的产能过剩，工业品价格指数（PPI）持续下降。PPI 的持续下行，反映出工业生产可能存在深层次的矛盾与困难，淘汰落后和过剩产能的过程势必会对相关产业的生产及投资产生一定的抑制作用。二是房地产去泡沫化。房地产是影响 GDP 增长的最大变数。我国很多城市房价过快上涨，房价与百姓收入增幅不协调，部分一线城市地产泡沫严重。把房地产价格控制在一个合理范围内对于经济的可持续发展具有重要意义，房地产的深度调整在短期内对宏观经济增长会产生较大影响。三是金融去杠杆化。当前大量资金在金融体系内空转，并流向地方政府融资平台或房地产市场，杠杆过度放大，不仅增加了金融系统的潜在风险，而且无益于缓解实体经济的融资困难。金融去杠杆化势在必行，但降低企业和政府的负债率，可能会对企业生产投资、基础设施建设等产生一定影响。四是环境去污染化。我国正处于工业化快速发展阶段，经济发展中过分追求 GDP 增长，忽视了对环境的保护，污染排放长期累积，欠下巨额的环境治理账单。全国许多地区出现雾霾天气，尤其是长三角、珠三角和京津冀鲁等区域，大气污染程度十分严重。环境去污染化，排除带毒有害的 GDP 增长，虽然短期内会对宏观经济产生下行压力，但从长期来看是必要的。就经济增长动力而言，房地产投资、民间投资、基础设施建设投资拉动经济的传统"三大引擎"同时减速，而新增长点又"青黄不接"，经济下行压力进一步加剧。新常态下的经济增长不能再用经济刺激和房地产拉动的老办法，要通过宏观调控培育新的增长点，保持经济总量的平衡。

新常态下的中国经济不仅有挑战，而且也有机遇。保持经济总量平衡目标的宏观调控必须更加重视培育新的经济增长点对冲经济下行过快的风险。当前可培育的经济新引擎有六个方面。一是人口城镇化。人口城镇化进程将创造巨大投资需求和消费需求，加速消费升级。二是经济服务化。消费升级将创造公共性服务、消费性服务和生产性服务的巨大发展空间。三是发展低碳化。资源环境瓶颈压力加剧、新兴产业勃发、消费者环保意识增强都将创造绿色低碳经济机遇。四是产业高端化。要把握新经济增长趋势，发展新产品、新行业、新业态和新商业模式。五是社会信息化。社会信息化是面对当前经济下行压力，突破发展瓶颈，转变经济发展方式，促进节能降耗减排，提升产业竞争力、产品竞争力的关键。六是经营国际化。国际大宗商品价格下跌和货币成本的不断下降为中国国际化战略转型创造了相对有利的外部条件，有利于我国企业国际化、分工高端化的战略实施，从"中国制造"走向"中国所有"，从世界工厂"打工者"向全球资源"整合者"转变。①

新常态下加强和改善宏观调控的目标之二是要防范系统性和区域性风险。《中共中央关于全面深化改革若干重大问题的决定》指出，宏观调控的主要任务是减缓经济周期波动影响，防范区域性、系统性风险，稳定市场预期，实现经济持续健康发展。适应新常态，实现防风险促发展，要高度关注结构性矛盾下的风险逐步显性化，标本兼治，保证经济行稳致远。当前我国结构性矛盾突出，宏观经济面临五个主要风险点：一是我国房地产市场正面临拐点，部

---

① 辜胜阻：《经济新常态面临六大新机遇》，《经济日报》2015年2月5日。

分城市和地区的房地产不良贷款正在加速暴露，可能引致的银行贷款风险上升；二是局部地区的地方政府性债务偿还面临巨大压力，2014年我国到期需偿还的地方政府负有偿还责任的债务占债务总余额的21%以上；三是产能过剩领域的贷款已经成为银行业不良贷款的"重灾区"；四是影子银行运作不规范、缺乏透明度给金融体系平稳运行带来巨大的潜在风险；五是流动性错配形成"钱多"和"钱少""钱紧"并存的结构性金融风险。当前最重要的问题就是防范这五大风险点释放的风险的叠加，因此需要有一个各种风险之间的"熔断"机制。①

新常态下加强和改善宏观调控的目标之三是要营造创业创新的良好环境，重新塑造新动力，引领新常态。当前，中国大地新一轮的创业创新浪潮正在引领新常态。李克强总理在2014年夏季达沃斯论坛开幕式上特别致辞"要借改革创新的东风，在中国960万平方公里的大地上掀起一个大众创业、万众创新的浪潮"。据统计，2014年3月至12月，全国新登记注册企业286万户，同比增长54%。创业创新的枷锁和羁绊正在被破除，中国经济社会所孕育的活力和热情正在迸发，新一轮的创业创新浪潮将成为稳定中国经济增长，推动产业升级的重大引擎。通过创业推进产业化创新，有利于将创新成果变为现实的产业活动，形成新的经济增长点；新产品、新服务的涌现将创造出新的市场需求，有利于充分发挥技术进步对产业结构调整的积极作用，带动现代服务业和现代制造业发展；新一轮创业浪潮的兴起有利于以创业带动就业，更好地发挥市场在促进就业中的作用，缓解"就业难"困境。②

---

① 辜胜阻：《"新常态"关键在于"新"》，人民网，2014年12月12日。

② 辜胜阻、曹冬梅、李睿：《创业创新引领新常态》，《中国金融》2015年第3期。

新常态下加强和改善宏观调控的目标之四是要寓改革于调控之中，精准发力，实施定向调控。寓改革于调控之中要注重定向调控，坚持区间调控。当前，一系列改革和"微刺激"政策初显成效，定向调控初步遏制了经济下行态势。定向调控要注重深层次结构矛盾，要对可能偏离合理区间的重要影响因素进行预调微调。一要在城镇化问题上，推进城市内部二元结构问题的化解，加快棚户区改造，加快基本公共服务全覆盖，增加城镇基础设施和公用事业建设，推进农民工市民化，让更多的农民工子女随父母在城市就读。二要在工业化问题上，增加国家创投引导基金促进战略性新兴产业发展，发挥战略性新兴产业对经济社会全局和长远发展的重大引领带动作用，推动工业化、信息化"两化"深度融合。三要顺势而为，加快现代服务业的发展，推动营改增试点向服务业全领域扩容，补齐产业结构短板，推动产业结构升级。[①] 四要加大小微企业扶持力度，加快多层次"正金字塔型"资本市场构建，提高直接融资比重，发展中小民营银行，稳步改善中小企业融资环境，为中小微企业发展营造良好发展环境，激活民间资本，增强经济发展的后劲与活力。五要发挥定向财政政策对自主创新和技术进步的引导和激励作用，增加公共产品和服务供给，促进大众创业、万众创新，化解资本"脱实向虚"问题，重振实体经济，防范产业空心化潜在风险。六要在"三农"问题上，加大扶贫攻坚的力度，让贫困地区和全国在 2020 年实现同步小康，加快农村土地制度等一系列改革，使改革红利更多惠及农民。

---

① 辜胜阻：《让经济在"七上八下"合理区间前行》，新华网，2013 年 7 月 25 日。

对外开放助推经济快速发展

杨 正 位 *

导语：三十多年来，我国始终不渝地坚持对外开放基本国策，统筹国际国内两个大局，紧紧抓住经济全球化机遇，在开放中升华提高自己，以开放促改革促发展促创新，以开放推动经济社会全面进步，走出了一条独具特色的开放式发展道路。

我国的经济奇迹举世瞩目，对外开放功不可没。1978—2014年，我国对外贸易额从 206 亿美元扩大到 4.3 万亿美元，由世界第 32 位升至第 1 位，出口占世界的比重由 0.7% 提高到 12% 以上，成为 120 多个国家和地区的最大贸易伙伴；利用外资从不到 2 亿美元扩大到 1200 多亿美元，连续 23 年居发展中国家首位，存量近 1.1 万亿美元，占世界比重提高到 4%；对外投资从基本为零扩大到 1000 多亿美元，居世界第三位，即将成为世界净资本输出国，对

＊ 杨正位：商务部政研室副主任。

外投资存量近 7700 亿美元，累计外派劳务 700 多万人；从出口创汇到担心外汇过多，外汇储备高居世界第一，比第二至七位的总和还多，世界经贸大国的地位更加稳固。

对外开放是我国取得发展成就的重要法宝，开放型经济显著提高了综合国力和国际竞争力。外贸对经济增长的贡献率达到 1/5 左右，外资企业占全国工业增加值的 1/4 左右，涉外税收占总税收的 1/3 左右，带动了 1 亿多就业。对外开放加速了我国"新四化"进程，增进了国民福利，缓解了能源瓶颈，缩小了技术差距，促进了思想解放和体制变革，培养了全球意识和世界眼光，增强了规则意识和法治理念，显著提高了国际地位和世界影响力。

回顾 36 年的开放历程，我国始终不渝地坚持对外开放基本国策，统筹国际国内两个大局，紧紧抓住经济全球化机遇，在开放中升华提高自己，以开放促改革促发展促创新，以开放推动经济社会全面进步，走出了一条独具特色的开放式发展道路。

一、立足于中国国情，不断增强开放的气度和自信

中国历史昭示：开放带来进步，封闭必然落后。汉唐盛世和陆海丝路，展现了这种博大的开放胸怀；而明清闭关锁国，民族差点危亡。1978 年以来，从封闭到开放，我们看到我国与发达国家有很大差距，需要奋起直追；也看到市场经济有不同形式，英美与欧陆、日韩各不相同；民主也并非万灵药，既有成功国家，也有许多失败国家，国情、阶段、制度是任何国家的根，照搬照抄，定会碰壁。现代文明并非直线，更非独此一家，"历史终结论"多么可笑。不站在世界历史长河的高度，不比较鉴别，不学习先进，不汲取人

类文明的共通精华，只能戴上落后的帽子。这让我们知道，文明该相互往来、相互借鉴。中华文明应该敞开胸怀，上承历史和传统，下接时代和人民，致力于返本开新和旧邦新命，自信地找到自己的路。

我国的开放大业一脉相承，对开放的认识在实践中动态深化。作为发展中的社会主义大国，对外开放没有成功先例可循，我们立足国情，大胆创新，自主探索开放新路。不管国际风云如何变幻，不管国内压力有多么大，始终顺应世界大势，坚持开放国策，勇于扩大开放，保持开放政策的连续性、稳定性和可预见性。中国政府战略高远，战术灵活，先是敢于突破意识形态障碍，打破中美关系僵局，为6年后的大开放奠基；之后作出改革开放的战略决策，敢于打开国门，推出了四大经济特区、浦东开发开放等重大举措，遇到苏东剧变也决不退缩，开放先驱者的勇气，值得钦佩；然后经过15年艰苦谈判，以极大勇气和智慧加入世界贸易组织，实现了制度性开放；现在又加紧多哈谈判，实施"一带一路"战略，推动高水平自贸区、中美中欧投资协定谈判，新一轮高水平开放战略正在实施，更高水平的开放格局正在形成。我国的开放事业需要一代又一代人的艰辛努力，现在开放的接力棒到了我们手上，被勇敢地接了下来，再一代一代传承下去。

二、立足于比较优势，紧紧抓住经济全球化机遇

近代以来，紧闭国门让我国几次错过世界产业革命机遇。36年来，我国顺应世界大势，是经济全球化的重要参与者和坚定支持者，也是重要建设者和主要受益者。我们依托比较优势及后发优

势，抓住世界科技革命和产业调整的机遇，全面参与国际分工，从产业间分工到产业内、企业内、产品内分工，从垂直分工到水平分工，让我国在吸引国际资本和先进技术上后来居上，大规模承接国际产业转移。开放初期，利用丰富的劳动力、广阔的国内市场、众多的海外华人等优势，大力发展加工贸易和劳动密集型产业，逐步成为世界工厂。进入21世纪，随着经济全球化深入，利用国内资本日渐丰富、产业配套能力强、基础设施完备等新优势，主动承接高端研发制造和服务外包等更高层次的产业转移，更深融入世界经济体系。

为维护和延长战略机遇期，在全球化中抢占先机、赢得主动，我国根据国内外大势的最新进展，与时俱进地调整开放战略。20世纪90年代初实施以质取胜战略、市场多元化战略，推动外贸增长由外延式向内涵式、由出口创汇向创利增效转变，逐步提高中国产品质量和培育中国品牌。随后实施科技兴贸战略、大经贸战略，推动外贸、外资、对外投资、援外"四外联动"。21世纪实施"走出去"战略、互利共赢的开放战略和自由贸易区战略，推动建设和谐世界。我国开放很有主见，既借鉴东亚出口导向的成功经验，也吸取拉美进口替代中过度保护的教训，采取进口替代与出口导向的组合战略。前者依托独立完整的工业体系，不断增强自我发展能力；后者嫁接国际市场，有竞争能力和自生能力，在开放和竞争中谋发展，探求最优的开放路径。

三、立足于两个大局，促进开放与改革发展的良性互动

中国绝非为开放而开放，始终以国内需要为依归，促进国际国

内良性互动。我们既充分利用 13 亿人的国内大市场，并通过国内竞争形成国际竞争力，再走向世界大市场。善于运用全球要素和国际市场，与跨国公司同台竞争，世界 500 强的企业已达 90 多家。我国正加快从经贸大国转向经贸强国，创造国际竞争新优势，向"微笑曲线"两端延伸，向全球价值链高端攀升，并促进国内发展方式转变。我国还将推动内需和外需、进口和出口、"引进来"和"走出去"以及国际收支的四大平衡，增强运用两个市场、两种资源和两类规则的能力。

36 年来，开放与改革始终是孪生兄弟，相互支撑，相互促进。每一次大开放，就推动一次大变革。开放型经济始终走在体制改革的前列，在转变观念、制度创新、管理方式和营商模式等方面都起了先导作用。外贸从审批制到登记制，外资从层层"把关"到产业导向，对外投资从种种限制到日益便利化，涉外经济体制脱胎换骨。加入世界贸易组织后，加快国内外规则对接，全面完善开放的软件系统，不断扩大市场作用，直至起决定作用，有力地推动了社会主义市场经济体制的完善；同时还让政府更加有为、有效，在开放中探求政府与市场的有机结合。当前我国改革面临难啃的"硬骨头"，据对比研究，党的十八届三中全会全面深化改革的 60 条任务，大约 70% 可以通过开放来加以推动，开放又将在推动改革深化中大显身手。

四、立足于战略主动，不断增强规则制定能力

按规则办事是现代文明的一个标志。法治中国需要从官员到民众的规则意识，减少潜规则和随意行事。中国从传统农业社会转向

工业社会，从计划经济转向市场经济，亟须建立现代规则。在冷战时代我们更强调国际经济"新秩序"，经济全球化使市场规则趋于统一，我们现在更强调现行秩序的公正合理，有无"新"字极为关键，体现了对通行国际规则的态度，是接纳、衔接与完善，即是两类规则的部分融合，当然还应有自身特色，不失中国规则的自主性和独立性。

开放让我们从规则的学习者、遵守者、运用者，到参与者、建设者、引领者，遵循渐进的路线图。过去我们是现行规则的主要受益者，将来仍可以成为重要受益者。加入世界贸易组织时大量修订国内法规政策，谈判中与对手讨价还价，与发达国家的知识产权争议，主动运用争端解决机制，慢慢提升了自身的规则意识，为法治中国打牢了地基。金砖国家开发银行、亚洲基础设施投资银行、丝路基金的设立，亚太自贸区的推动，标志着我国引领国际规则的起步。规则之争是发展主动权之争，我们将积极参与和影响全球经济治理，在新一轮国际规则重构中把握主动，以开放的主动赢得改革的主动、发展的主动、创新的主动和竞争的主动。

五、立足于国家安全，树立开放的经济安全观

开放对安全的影响是双重的：既因开放增强实力而更加安全，也因外部影响更大而增加了风险因素。开放后是否安全，关键在于应对是否得当和有力。我国坚持渐进、稳妥的开放策略，不照搬西方的标准，不盲目自由化，始终有底线，把握好"度"，既打开门窗又装好纱窗，处理好开放力度、进度与承受度的关系，"治于未病"。我们树立开放的安全观，既加快了开放进程，以开放增强实

力和竞争力；又考虑国内产业实际，避免出现大的外部冲击。

我国的开放是区域梯次推进，创办经济特区、经济技术开发区、自由贸易试验区等，在试点中看风险是否可控，稳妥后再行推广。渐进开放国内市场，对敏感产业设置过渡期，实施反垄断与安全审查，注重谈判桌上解决经贸摩擦，避免贸易战与相互报复，有效维护产业安全。利用外资时以直接投资为主，严控商业信贷，审慎开放资本市场，保持汇率基本稳定，有效防范了金融风险。特别是 1997 年亚洲金融危机和 2008 年国际金融危机时，或提前加强宏观调控、挤压经济泡沫，或及早扩大内需，两次都应对有效，保持了中国发展的一枝独秀。

六、立足于民族复兴，走共同发展与和平发展之路

绵延五千年的中华文明，曾长期居于世界文明中心，经过近二百年的蛰伏和沧桑，到了复兴再生之时，有信心再回世界文明高点。"和"是中华文明的核心理念，中华文明复兴需要和平的国际环境，世界的和平离不开中国的强力支持。中国的开放将加深经贸往来，促进人文互通，推进世界和平和谐。

走共同发展之路，推动互利共赢，缩小南北差距，是我国处理国际经贸关系的基本准则。商品出国越多，士兵出国就越少，中国的大量进口，创造了"中国特需"；出口的价廉物美商品，增加了外国消费者福利；过万亿美元的外国投资，让更多国家分享了中国"红利"；每年 1000 多亿美元的对外投资，带动了东道国的发展和就业，力争做到自己吃得好，也要别人吃得饱。"一带一路"建设，首倡共商共建共享，打造利益、责任和命运共同体，是真正的

合作共赢。和平发展与和谐世界是永续发展之路，将优化我国国际环境，加快中华民族的伟大复兴。

总之，中国的开放，秉承中华文明的中道智慧，既不妄自尊大，认清差距，自强自律，融入世界经济，保持战略耐力，也不妄自菲薄，尊重差异，自信自主，突出特色优势，保持战略定力，探求中国特色与世界大势的黄金结合点。中国的开放道路，是立足中国国情、抓住世界机遇之路，是发挥自身优势、主动参与全球化之路，是深化市场取向改革、参与国际规则制定之路，是国内外良性互动、保障经济安全之路，是追求合作共赢、推动共同发展之路，是在学习中追赶、在赶超中创新之路，是一条有中国特色的开放之路。

科学决策引领经济顺利前行

戴焰军 *

导语：正是中国共产党在领导中国特色社会主义建设中一系列正确的路线、方针、政策和重大决策，切合了中国的国情和中国经济发展规律，适应了广大人民群众渴望国家发展和人民幸福的需求，从而使一切经济发展的因素更为充分有效地发挥作用，中国经济才创造了这样长期健康稳定高速发展的奇迹。

中国经济连续保持三十多年的高速增长，从而使得中国的经济实力和综合国力大大增强，人民群众物质生活水平有了根本性改善，这已经是不争的事实。可是对于经济为什么能够取得这样的成就，人们则可能有各种各样的分析。这不奇怪，因为这样一个大国，经济连续高速增长，本来就有多种因素在起作用。我们要分析的是，各种因素为什么能够在经济高速增长中发挥作用，什么力量

---

* 戴焰军：中共中央党校党建教研部副主任、教授。

促使这些因素发挥了这样神奇的作用？

回答这个问题，我们首先看看直接影响经济发展的会有什么因素？对此，稍有常识的人应该都能够掰着手指数出很长的一串，如自然资源状况、劳动力素质状况、生产关系、社会稳定程度、国家政策导向、社会分配制度、科学技术的发展以及在生产中的应用状况等等。而在所有因素中，除了像自然资源状况等极少数因素以外，绝大多数因素都是变量，都是会因国家决策者的不同决策而发生相应变化的。那么，决策者的决策无疑就是经济发展最关键的因素了。当然，决策者不可能完全超越社会现实而任意决策，决策者必须是在现有根本社会制度和现有生产力发展水平的前提下来决策，其决策的科学性就体现在使现有制度更好地发挥其优越性，使现有生产力基础更好地为未来发展所用。世人皆知，中国的决策者，就是作为中国特色社会主义事业领导核心的中国共产党，所以，要问中国经济为什么行，就首先要到中国共产党的决策中去找答案。

一、党的基本路线是经济长期稳定发展的可靠保证

应该说，在中国共产党执政的历史中，经济发展并不是一帆风顺的。从20世纪50年代后期开始，由于各种主客观原因导致党在指导思想上出现了失误，以阶级斗争为纲的"左"的思想占了主导地位，加上对领导经济工作缺乏经验，对经济发展的内在规律把握不准，不能从中国生产力发展的实际状况来调整生产关系，导致经济发展遭受了重大挫折，特别是十年"文化大革命"，更是给经济发展以重创。但是，中国共产党的伟大之处，就在于它能够，也敢

于正视自己的错误，并认真地纠正自己的错误。"文化大革命"结束以后，党痛定思痛，深刻总结社会主义建设的历史经验和教训，科学判断我们所处的社会主义历史阶段，明确提出"一个中心，两个基本点"这一党在整个社会主义初级阶段的基本路线，把经济建设放在一切工作的中心位置，始终紧紧扭住经济建设这个中心不放松，即使在国际局势激烈动荡，世界格局骤然剧变的情形下，都始终没有动摇这样的决心和意志，没有改变这样的既定方针，这才使得中国的经济发展没有被任何外在因素和内在因素所干扰，没有因为其他原因而大起大落或停滞不前。

当然，并不是说确定了经济的中心位置，经济就可以无条件发展。党的基本路线的科学之处，就在于它是一个完整的体系。不但明确了经济建设的中心位置，而且规定了保证经济长期、持续、稳定发展的基本条件，这就是改革开放和坚持四项基本原则两个基本点。

首先，经济发展需要有源源不断的动力支撑，需要按照经济发展内在规律要求破除一切影响和阻碍经济发展的不利因素，特别是具体制度和体制方面的不利因素，使社会上层建筑和生产关系真正与生产力发展的实际状况和要求相适应。也就是邓小平所讲的，把是否有利于社会生产力发展作为检验一切工作的标准。正是基于这一点，三十多年来，从农村家庭联产承包责任制，到国有企业转制，到鼓励扶持各种所有制经济成长发展，到各级政府的职能转变、简政放权；从经济领域，到政治、文化、社会等各个领域，改革在不断推进，不断深化，从而给经济发展注入了源源不断的巨大活力，并开辟了前所未有的发展空间。与改革相联系，根据现代经济发展需要一个开放的环境，需要不断汲取那些经济发展走在我们前边的发达国家在经济管理和科学技术方面的先进经验和做法，需要与世界各国进行广泛的经济交流的规律要求，中国共产党确立了不断扩大开放的基本国策，源源不断的资金、技术、人才、经验被吸收进来，为我所用。从而大大缩短了中国与发达国家在经济发展各方面的差距，使人们的眼界更为开阔，观念迅速转变，并更快地掌握了各个方面有利于经济发展的先进技术和手段，从而使中国的经济发展展现出一种全新的图景。应该说，没有改革开放，就没有中国今天的经济发展成就。

同时，经济发展还需要有稳定的政治环境和社会环境来提供保障，需要最大限度地调动生产者的积极性和主动性。如果没有一个稳定的环境，社会处于动荡状态，如果生产者缺乏精神层面的热情和方向，就不可能有经济的持续发展。为此，中国共产党坚定不移地坚持四项基本原则，坚持"两手抓"，通过发展社会主义民主法治，通过积极推进社会主义精神文明建设，通过不断完善社会主义经济制度等途径，来调动社会各个方面的积极性，更大程度地体现社会主义根本制度的优越性，从而为经济发展提供了必要的良好政治环境和社会环境。四项基本原则保证了中国改革开放的社会主义方向。

谈到改革，可能人们都不会忘记几乎与中国改革前后相随的苏联的改革。但两个国家的改革却出现了截然不同的后果。就在中国改革高歌猛进并促进经济快速发展的同时，苏联却分崩离析，以国家解体而告终。尽管人们为苏联解体找出了各种原因，但恐怕改革的方向和政策本身出现偏颇是谁都很难否认的一个根本原因。所以，中国的改革开放一开始，就确立了不可动摇的四项基本原则，从而为改革开放，也为经济发展提供了必不可少的政治条件。

二、发展社会主义市场经济是促进
经济发展的正确抉择

如果说中国经济的持续高速增长是因为中国共产党的基本路线确立了经济建设的中心地位，并为经济发展提供了强大的活力和可靠的保障的话，那么，围绕党的基本路线的贯彻，中国共产党在三十多年的过程中作出的一系列重大决策，则对各种决定经济发展的因素更好发挥效力起到了根本性的作用。

发展社会主义市场经济是中国共产党在领导中国社会主义经济发展中作出的正确历史性选择。党在执政以后，对于在中国这样一个经济文化都相当落后的国度怎样建设社会主义这样一个新问题，并没有现成的经验和答案供我们选择。我们所能看到的，就是马列主义原著中对未来社会主义的设想和当时的苏联经验，加上当时我们所面临的国内外客观环境。所以，在经济上，我们实行了计划经济体制，在一个世界上人口最多的国家，经济上推行统一计划。应该说，这在当时，对我们在有限的资源条件下集中人力、财力、物力办大事，于很短的时间内建立起自己独立的工业体系和国民经济体系是发挥了一定程度正面作用的。但是，经济发展有自身的规律，不同程度的经济发展水平必然要求相应的经济发展手段或者说经济体制与之相适应，违背了这一点，就会束缚经济的发展。由于计划经济限制了劳动产品的商品特性，限制了资源根据经济自身发展要求的自由流动，影响了企业和劳动者的积极性，所以也就从根本上影响了经济发展的活力和效率。

改革开放以来，党在经济领域首先提出把商品经济作为计划经济的有益补充、发展社会主义商品经济，从而打破了计划经济一统天下的局面，给经济发展注入了明显的活力，商品经济的因素根据经济发展的内在要求，迅速在中国经济各个领域成长起来。到1992年，邓小平总结中国社会主义经济发展的历史经验，深刻洞察经济发展的内在规律要求，从中国的实际出发，提出了发展社会主义市场经济的战略举措。指出，计划和市场都是手段，市场经济资本主义可以搞，社会主义也可以搞。从而在人类历史上第一次把科学社会主义和市场经济统一起来。1992年召开的中国共产党第十四次全国代表大会，把发展社会主义市场经济提到日程之上，从此，中国特色社会主义经济发展掀开了新的篇章。到中国共产党十八届三中全会，更是把让市场在资源配置中发挥决定性作用，作为改革的重要目标。

二十多年来，中国社会主义市场经济在发展中探索，在探索中完善。围绕市场经济的不断发展，不仅经济领域，而且社会、文化乃至政治上层建筑领域，都发生了一系列前所未有的巨大变化。市场这只"看不见的手"，解决了过去计划经济时代仅靠政府这只"看得见的手"解决不了或解决不好的大量问题，仿佛一夜之间，大量的社会财富在市场上涌现出来并流向各个方面。更为重要的是，随着物质资料的流动，作为生产力中最重要因素的劳动力，也按照市场运行的规律空前活跃地流动起来，更好地满足了各个领域经济发展的需要。

市场经济不但盘活了社会的物质资源，而且盘活了社会的人力资源，从而使社会的组织形式、人们的就业方式、交往方式、生活方式都出现了很多前所未有的新特征。于是，相应的社会治理问题、文化产业发展问题、法制和道德建设问题、政府职能转变和机构改革问题，以及中国共产党党内的作风建设、基层组织建设问题等等，都相继被提到执政党面前。如何应对和解决这些市场经济发展所带来的新问题，是市场经济能否进一步健康发展的重要条件。

所以，中国共产党积极应对并及时作出各个方面的决策来解决这些新问题。正因为这样，中国社会主义市场经济才能在一个相对稳定的状态下持续发展，并不断获得完善，也才能对中国整个经济发展更好地发挥作用。与西方国家的市场经济相比，中国的市场经济是年轻的，它的确还存在着很多自身的不足，但是，已经走过的历史告诉我们，在中国共产党的领导下，中国的社会主义市场经济有着自己特殊的生命力和发展前景。

三、发展多种所有制是我们的基本国策

社会主义经济是公有制经济，这是过去长时间里我们始终坚持奉行的不变准则。但是，在中国特殊国情条件下，到底公有制经济怎么搞，书本里面并没有给我们提供现成答案。这样的答案只能靠我们中国共产党人在实践中去探索。曾有一段时间，我们在对公有制的理解上脱离了中国的国情，认为公有制程度越高、成分越纯越好，结果实行了纯而又纯的公有制，抛弃和禁绝了一切非公有的经济成分。最极端时，甚至连农民在自己家里养鸡养鸭，在自己房前屋后种瓜种豆，都作为资本主义予以取缔。其结果是使生产关系严重脱离了生产力的发展状况，制约了广大群众的积极性，直接影响到经济发展的效率，影响群众生活水平的提高，影响社会主义优越性的体现。

进入改革开放新时期，党在政策上及时作出必要的调整。首先

在农村实行联产承包责任制，鼓励个体经济发展，进而放开民营经济、外资经济、合资经济、股份制经济的发展，并把非公有制经济作为社会主义市场经济的重要组成部分，把以公有制为主体、多种经济共同发展作为我们发展社会主义经济的基本国策，各种成分的经济如雨后春笋般迅速发展起来。这不仅增强了经济发展的活力，满足了市场经济竞争发展的内在要求；而且，随着各种非公有制经济的发展，中国的经济总量快速攀升，老百姓的收入水平大大提高，城镇、农村群众生活获得极大方便，而且很好地解决了大量剩余劳动力的就业问题。如果说，在发展各种非公有制经济政策提出的初期，社会上还有一些不同的反响和担忧的话，那么，今天，在这样一个正确的国策已经毫无疑义地推进了中国经济快速发展的现实面前，恐怕任何一个公正的人都会由衷地承认，中国共产党作出的这一科学决策对当代中国经济和社会发展起到了难以估量的作用。

如今，我国非公有制经济投资已超过全社会固定资产投资比重的50%，提供了城镇75%以上的就业岗位，对国家财政的贡献份额不断增长。我国65%左右的发明专利、70%左右的技术创新和80%以上的新产品都是由非公有制经济创造的。2013年，中国非公有制经济中，企业数量占中国整个企业总数的比重已经达到了82%，对我国GDP的贡献率已经达到了60%。2014年非公有制经济给国家提供的税收已经达到了69%，城镇就业的80%是在非公有制经济，而且现在新增就业的90%也在这一块。

2015年的政府工作报告中再次指出，非公有制经济是我国经济的重要组成部分，必须毫不动摇鼓励、支持、引导非公有制经济发展，注重发挥企业家才能，全面落实促进民营经济发展的政策措施，增强各类所有制经济活力，让各类企业法人财产权依法得到保护。这预示着改革真正进入了深水区，国家对非公经济的支持正从民众的"期待感"真正转化为"获得感"。事实上，自"国36条"以来对民企放开准入方面，已然陆续突破了很多瓶颈，使民企角色分量日益加重，这无形中推动了市场的洗牌，让真正优秀的经济品牌脱颖而出，成为行业领导者。要彻底释放非公经济的活力，不仅是市场准入问题，更需要司法层面的保障。2015年是全面深化改革的关键之年，也是全面推进依法治国的开局之年。用政府权力的"减法"，换取市场活力的"乘法"，让所有经济体站在同一起跑线上，最大化激发市场潜力，这就是我们贯彻以公有制为主体、多种所有制共同发展基本国策的目的。

更为重要的是，中国共产党在鼓励扶持各种有利于国计民生的非公有制经济发展的同时，又从中国特色社会主义建设的实际出发，没有像一些西方的预言家所希望的那样，把私有制作为中国的基本经济制度，而是始终保持了公有制经济的主导地位。这也是中国能够在1998年亚洲金融危机、2008年国际金融危机等一次次的危机中始终保持自己经济发展的良好态势，不因为这些因素而出现大的波折的原因，同时也是中国经济发展能够始终得到绝大多数老百姓认同和积极投入的原因。更是中国能够保持自己国家根本制度的社会主义性质的原因。试想，如果不是这样，而是采取了苏联那样的改革思路，搞什么"休克疗法"，或者按照一些西方预言家设想的方向，走私有化的道路，那么今天的中国可能会是完全不同的很难想象的另一番混乱景象。不但全面小康会化为泡影，各种社会利益冲突所造成的矛盾爆发，很可能会使得我们连国家的完整性都很难维持。

四、发展高新科学技术为中国经济发展提供了强大动力

改革开放伊始，邓小平就高瞻远瞩地指出，科学技术也是生产力，而且是第一生产力。在当今世界，新的科学技术在社会经济发展中所起的作用，对社会经济发展所作的贡献，为历史上任何一个时期都无法比。发达国家正是利用了他们所掌握的先进科学技术优势，长期占据着经济发展的制高点。我们作为发展中国家，要想在尽可能短的时间内缩小和发达国家之间的差距，发挥自己的后发优势，取得经济发展的重大成功，甚至赶上西方发达国家，就必须把发展高新科学技术放在十分重要的位置。作为中国经济发展的领导者，中国共产党及时抓住历史机遇，在发展高新科学技术并使之服务于经济方面采取一系列重大举措。发展高等教育事业，加快科学技术人才的培养，随着高等教育规模的不断扩大，一批批高级科技人才走出校门，投入到科学技术研究和经济建设各个领域的实践中；为了更好地引进国外高新技术成果为我所用，为了发挥高新技术产业对整个经济的带动、辐射和促进作用，为了更好地集中高新科学技术优势和相应的人才优势，根据中央的部署，一个个高新技术产业区在各地诞生，它们推进了各个方面的高新技术产业发展，不仅创造了巨大的经济价值，形成了一大批对经济发展具有重大潜在作用和直接作用的科技成果，而且造就了一大批具有实践经验的科学技术人才。看看今天中国高新科学技术领域第一线的领军人物和骨干人才，相当大的比例就是这几十年来我们自己在这个平台上培养出来的；同时，高新科学技术产业的迅速发展，也为中国经济的转型升级，为经济结构的优化，奠定了必不可少的基础。

面对未来发展，我们看到，2015年政府工作报告中已经明确

提出，制订"互联网＋"行动计划，推动移动互联网、云计算、大数据、物联网等与现代制造业结合，促进电子商务、工业互联网和互联网金融健康发展，引导互联网企业拓展国际市场。这说明在中国经济转型的过程中，依靠互联网等新兴技术来带动传统经济转型已经成为共识。而大数据、云计算、物联网、电子商务、互联网金融等产业，正是近几年发展最迅猛、前景广阔的新兴产业，而且现在这些科技词汇已经不再是概念，而是已经深入到了百姓生活中的方方面面，并为经济增长注入了强大力量。国家已设立400亿元新兴产业创业投资引导基金，要整合筹措更多资金，为产业创新加油助力。

改革开放以来的三十多年，是中国由一个传统的农业大国向现代工业大国，进而向一个现代化的大国和强国迈进的关键时刻。中国共产党准确判断了中国当代经济发展的历史方位，以及中国经济发展和世界发达国家之间的差距，深刻地分析了中国经济发展在技术层面所存在的根本问题，并及时调整战略方针，从而使中国在尽可能短的时间内缩小了和世界发达国家之间的差距。这是一个在当今世界历史进程中都值得大书一笔的巨大成就。就拿近几年来看，当然，我们目前整个经济结构还远没有达到一种理想状态，高新科学技术在整个经济发展中的贡献率比起世界先进水平还有一定距离，自主创新的科技成果在整个投入到经济发展中的成果总数中占比还不能和世界先进水平相比。对此，我们有着非常清醒的认识，所以，我们在一次次的党的代表大会报告、中央全会决议、政府工作报告、国家发展五年规划等体现中国共产党重大发展战略的重要文献中，都对发展高新科学技术并使之运用于生产实践，进一步提高科学技术的自主创新能力，提升产业结构，培养高新科学技术人才队伍，加大发展高新科学技术产业和人才培养方面的投入力度等方面不断提出新的要求，并作出具体部署。这预示着中国经济发展的方向，也展示着中国经济发展的未来前景。

高新科学技术的发展，在直接推进整个经济发展的过程中，也在改变着中国人的生活方式、工作方式、交往方式和整个行为理念。这是高新科学技术发展的结果，也是高新科学技术进一步发展的最重要基础。不管从市场需求的角度、人才导向的角度、推进创新思维发展的角度、社会环境的角度哪方面来看，人们都不难得出这样的结论，那就是高新科学技术必将成为中国未来经济发展的主要方面和源源不竭的巨大动力。

五、开拓金融市场为资源有效配置创造环境

金融市场是促进金融资本资金迅速流转，有效调动和配置资源的重要舞台和途径，也是一个国家市场经济发展程度的重要标志之一。但是，因为金融市场的特殊性，特别是在今天电子网络技术迅速发展并成为金融市场运转的主要工具以后，这个领域也是风险最大的领域。所以，作为发展中国家，这方面的开放都是非常谨慎的。

但是，当今世界的经济发展早已是一个全球化的态势，不开放金融市场，我们就不能及时有效地利用很多必要的资源，及时有效地融入当今世界经济发展的大潮之中，就可能错过很多经济发展的良好机遇。事物总是具有两面性的。中国共产党以对国家民族高度负责的担当精神，从中国的实际国情出发在这方面大胆探索，迈开了重要的步伐，让金融市场更好地为整个中国的经济发展服务。股

票、债券、期货、互联网金融等中国老百姓过去几十年甚至没有听说过的东西，开始进入老百姓的生活之中，成为大家饭后茶余的热门话题之一。从只知道在银行存款取款，到学会购买各种理财产品、运用各种理财服务，尽管这中间还有许多并不尽如人意的方面需要改进，但老百姓的进步本身代表着金融市场的发展。而从国家经济发展的整体层面来看，金融市场的发展，大大提高了资金和资本在各个经济实体、各个经济领域流动的速度，节省了流动的成本。及时吸纳大量社会资金和资本投入经济发展的实际运作过程之中，从而给中国经济发展带来了前所未有的影响。特别是现在提倡重点发展民营金融，真正同等对待民营金融机构与国有金融机构，努力创造市场起决定性作用的金融市场公平竞争环境，加大力度引导、指导和支持民间资本投资金融行业，切实降低金融行业准入门槛，提高准入条件的可操作性。这对中国金融市场的发展更具有新的意义。而且，随着金融市场的发展，适应现代化建设要求的各种金融机构不断得到完善，各种法规制度不断得到健全，各种专业技术人才迅速成长。例如重点发展农业金融、生态金融。发展农村普惠金融，建立涉农金融机构支农长效机制。允许、引导民间资本投资控股农村信用社、村镇银行等各类面向"三农"的小微金融机构。再有，重点发展小微金融、合作金融。鼓励、支持金融机构针对不同类型、不同发展阶段小微企业的特点，为小微企业提供量身定做的金融产品和服务。鼓励、支持和引导产业集群、产业链供应链企业群、商会企业合作组建多样化民营或混合所有制合作金融组织、金融机构等等。我们欣喜地看到，金融市场的拓展正在中国经济发展中发挥着越来越重要的作用。

除了以上直接关乎经济发展的主要方面，中国经济的长期持续稳定发展，还有赖于经济发展所依托的政治、社会、文化、生态等各种外部环境。离开有利的外部环境条件，经济是不可能保持长期稳定持续发展的。中国共产党在领导经济发展过程中，不断总结经验，从"两个文明"到"三个文明""四个文明"一直到今天的"五个文明"建设，全面建成小康社会，是一个包括各个方面发展目标的综合性根本目标。而且每一个新目标的提出，都以具体规划和任务的形式落到了党的工作之中。如全面依法治国的推进、政府职能的转变和政府机构的改革、政府权力的下放、文化体制的改革和文化产业的发展、生态环境保护的要求和相关制度的形成、市场监管体制的完善、"走出去"战略的实施等等。所有这些，都无不从各自的角度对经济的发展起到了重要的作用。

现在，中国的经济已经进入新常态，面对新情况，党中央及时调整经济发展战略目标，并从新的实际出发作出新的规划。2015年经济社会发展的主要预期目标是：国内生产总值增长7%左右，居民消费价格涨幅3%左右，城镇新增就业1000万人以上，城镇登记失业率4.5%以内，进出口增长6%左右。我们党有充分的信心实现这些目标。一是中国还有巨大的增长潜力，我们正处在一个消费结构升级、消费释放的重要的阶段，这种消费还可以有效地拉动投资。2014年消费对经济增长的贡献率上升3个百分点，达到51.2%，服务业增加值占GDP的比重由46.9%提高到48.2%。二是中国正处在转型升级关键时刻，矛盾问题很多，但是工业的转型升级，如从中国制造到中国创造；城镇化的转移升级，如规模城镇化向人口城镇化的转型升级；消费结构的转型升级，尤其是服务性的消费需求越来越多，这样就给供给提出了新的要求。再有我们的信心建立在调结构、转方式、深化改革上，只要转型改革能够有根本性的突破，市场有活力，又会是拉动经济增长的又一个重要的动力。2015 年中央预算内投资要增加到 4776 亿元，铁路投资保持在 8000 亿以上，新投产里程 8000 公里以上，包括棚改、清洁能源、信息电力等投资多箭齐发，这表明了我们将进行精准有效投资，而精准有效投资将对经济起到重要推动作用。我们不难预计，在未来几年，随着一系列新举措的落实，新产业、新业态、新商业模式将会不断涌现。

说到这里，对于中国经济为什么行这个问题，从决策领导方面来说，答案已经很清楚了。正是中国共产党在领导中国特色社会主义建设中一系列正确的路线、方针、政策和重大决策，切合了中国的国情和中国经济发展规律，适应了广大人民群众渴望国家发展和人民幸福的需求，从而使一切经济发展的因素更为充分有效地发挥作用，中国经济才创造了这样长期健康稳定高速发展的奇迹。

政府怎样更好发挥作用

高 培 勇*

导语：在所有能够列举出的支撑中国经济持续健康发展的特殊因素中，政府实施的宏观调控在总体上保持得当状态，是可以观察到的极为重要的一点。中国政府的宏观调控之所以能够在总体上保持得当状态，与其所具有的相对高超的经济驾驭能力直接相关。

在今天的世界上，论及中国经济发展的成就，可谓举世瞩目，人所共知，且很少有负面的评价。然而，跃出事物表象或结果而深入到其背后的缘由——论及支撑中国经济发展成就的因素时，往往莫衷一是。这固然有观察问题角度、方法论基础、所掌握的信息量以及所持立场等方面存有差异的影响，但一个更为重要、更加深刻且极易被看漏的原因则在于，对于发生在中国的任何事情的解读，只能也必须建立在对中国所具有的特殊国情的全面认知和系统把握

---

* 高培勇：中国社会科学院学部委员、中国社会科学院财经战略研究院院长。

的基础上。

从根本上说来，中国经济的持续健康发展，是由一系列只有根植于中国的特殊国情才可能生成的特殊因素所推动的。追溯一下三十多年来中国经济走出的不同于其他经济体的基本轨迹，就会发现，在所有能够列举出的支撑中国经济持续健康发展的特殊因素中，政府实施的宏观调控在总体上保持得当状态，是可以观察到的极为重要的一点。

进一步说，中国政府的宏观调控之所以能够在总体上保持得当状态，显然与其所具有的相对高超的经济驾驭能力直接有关。倘若没有相对高超的经济驾驭能力，面对极为错综复杂、扑朔迷离的国内外经济形势，无论从哪个角度看，中国经济都难以走出一条持续健康发展的路子。

问题是，中国政府的经济驾驭能力是如何锻造的？依笔者的体会，这至少可以归结为如下的几条：

一、善于学习

从历史上看，重视并善于学习可以说是中国共产党的优良传统。毛泽东就曾经向全党发出过"学习、学习、再学习"的号召。这种优良传统，在改革开放之后不仅一直保持下来，而且越来越发扬光大，形成了持之以恒的制度。

改革开放之初，在中国党政干部队伍中，且不说接受过经济学系统训练的人才十分鲜见，就是了解、熟悉市场经济运行机理的人才也相对匮乏。因而，中国的改革开放实际上是始自学习、由学习市场经济理论知识起步的。其中，市场经济条件下政府如何发挥作用，又是各级党政干部重点关注的内容。从那时起，在以经济建设为中心的旗帜下，不仅各级党政干部学习市场经济理论知识蔚然成风，而且，站在领导经济工作、调控经济运行的角度，对于市场经济理论知识的学习越来越聚焦于宏观经济运行机理和宏观调控操作机制上。

在当下的中国，从中共中央政治局的集体学习制度到各级党委的理论中心组学习制度，从各级人大常委会、各级政协、各级政府的专题学习制度到各级党校、行政学院组织的各级党政干部的定期培训，从各个地方、各个系统自发组织的各种不定期党政干部培训班到遍布全国各地、以市场运作办法组织的各类论坛、研讨会、报告会和观摩会，宏观经济形势分析往往都是其中的重要内容和主要议题。不仅如此，从全国各地公务员的公开招考到各级党政干部的公开招聘，其试题内容，总是少不了宏观经济理论知识的部分。也可以说，宏观经济理论已经成为各级党政干部的必修课程。

正因为如此，在如今的中国党政干部队伍中，不少人具有相当的经济理论素养或接受过系统的经济学训练，很多人都是经济管理的行家里手。即便系非经济专业出身、工作在非经济管理岗位的党政干部，也多半对于宏观经济领域中的话题并不陌生。所以，在中国政府系统内部，不仅在讨论经济问题时可以找到共同语言，而且可以将讨论引致操作层面，在深入而细致的研讨基础上达成基本共识。

二、善于调查研究

中国政府历来重视调查研究，将决策建立在深入调查研究的基础上，这一点在宏观经济领域体现得可谓淋漓尽致。

大凡全国性的党和政府重要会议（如党代会、"两会"等）举行之前，中共中央和国务院都要就相关议题特别是经济发展方面的议题成立一批调研组，在全国范围内开展专题调研，形成调研报告。

每年一度的中央经济工作会议召开之前，包括中共中央政治局常委、政治局委员和国务院组成人员在内的各级党政领导都要分赴各地进行实地调研。加上各省、自治区、直辖市官员平日在本地区所做的经常性调研，均构成了反映中国经济发展实情的第一手信息。

事实上，在中国党政系统中，围绕经济形势、经济政策、经济发展和经济改革等方面问题的调研活动几乎是不间断的。几乎所有的涉及重大经济问题的事项，都是要通过广泛的调查研究之后提交决策层、进入决策过程的。

这些在调查研究中所获取和积累的各种各样的信息，既是党和政府重要会议文件起草和相关重要决策形成的重要依据，也可以使中国政府有关经济问题的决策建立在充分而准确的信息基础上，有助于保证中国政府围绕经济问题所作出的部署接上地气，契合国情，提高经济决策的针对性和可行性。

三、善于集众人智慧

中国政府的宏观经济决策，并非只有少数官员说了算，而是在从最高决策层到普通百姓的广泛参与下作出的。

作为党领导经济工作的重要体现，对于经济形势的研判和宏观经济政策的抉择往往是中共中央政治局会议的重要议题。加强和改善党对经济工作的领导，牢牢把握发展大势，不断健全宏观调控体系，始终是最高决策层关注的中心工作。

作为治国理政的一个重要抓手，涉及重要经济发展议题的会议文件如政府工作报告、中央经济工作会议公报等，都要由中共中央和国务院牵头组成文件起草组。进入文件起草组的人员，往往覆盖了来自中央政府政策研究机构、中央政府各职能部门、重要经济智库以及企业界等各方面的负责人和专家。

作为一个已成惯例的决策程序，每年提交"两会"的政府工作报告，都要在正式定稿之前，由党和国家领导人召集由经济、社会、教育、企业界、民主党派等各方面代表参加的座谈会，征求修改意见。

作为一个沟通经济智库、听取政策建议的重要渠道，遇有重大经济形势变化或涉及重大经济决策之时，党和国家领导人和相关政府职能部门领导也都要召集主要来自经济领域的专家座谈会。

我国还建立了经常性的信息报送制度，无论是肩负智库功能的国家研究机构，还是高等院校，甚或企业的研究团队，都可随时通过《要报》《专报》《情况反映》等渠道向决策层和管理层反映经济发展情况，提供相关政策咨询。

这些富有实效的广泛智力支持，不仅可以使我们避免或减少经济决策失误，而且有利于提高决策的科学化、民主化和法治化水平。

四、善于把握大势，总揽全局

经过三十多年改革开放进程的洗礼，中国政府处理复杂多变经济问题的视野越发宽广，基于国内、国际两个大局来研判当前形势和未来走势、布局宏观经济政策，在相当程度上成为宏观调控思维的基本范式。

从 20 世纪 90 年代的亚洲金融危机和 2008 年以来的国际金融危机的应对中可以看到，在中国，从全局出发、以大局为重，必要时宁肯牺牲局部利益换取整个经济的健康持续发展，不仅作为一种宏观调控的理念体现在各个时期的宏观经济政策布局中，而且在各个时期宏观调控的一系列实际行动中，形成了在全国范围内大规模调动资源、基于宏观调控的需要配置资源的"举国体制"。

中国经济与世界经济已经深度融合，并且和世界政治格局的变化密切相关。中国经济已经成为世界经济的一个重要组成部分，从中国经济与世界经济之间的彼此依赖、密不可分的关系中，中国政府不仅对于全球经济形势的变化非常敏感，而且善于站在全球经济的立场上布局谋篇，兼顾当前与长远利益，捕捉各种机遇和挑战，相机把握宏观经济政策推进的时机、节奏和力度。

五、善于总结经验

中国政府宏观调控艺术的逐步完善，源于其与时俱进的创新和对完善宏观调控方式的不断探索和不懈努力。

应当说，宏观调控的概念是在改革开放之后由西方引入中国的，市场经济条件下的宏观调控机制更是在改革开放进程中逐步生成的。在此之前，中国虽也有类似于宏观调控意义如综合平衡的表述，但从总体上说，那是基于计划经济的体制土壤，在移植苏联东欧国家的经验基础上建立起来的以计划调节为特征的一套办法。然而，即便是由西方引入，中国的宏观调控并非停留于西方教科书层面。即便是在改革开放的进程中逐步生成，中国的宏观调控机制也未止步于改革开放初期。不食洋不化、不全盘照搬，以与时俱进的精神在宏观调控中学习宏观调控、在宏观调控中完善宏观调控，是可以观察到的中国宏观调控机制在过去三十多年中所走出的一条基本轨迹。

在今天的中国，对于经济发展的关注，不仅超过了以往历史上的任何一个时期，而且，聚精会神搞建设、一心一意谋发展，已经在全党、全社会形成共识。正是基于对经济发展的高度关注和广泛共识，在今天的中国，不仅政府部门、各类智库、学术机构在研究经济问题，而且企业家、普通百姓也在研究经济问题。不仅各类机构主办的遍布全国各地的各种形式研讨会和论坛几乎免不了涉及经济问题，而且企业界的各类活动主题甚至普通百姓的茶余饭后谈资，往往都少不了对于经济问题的关注。在这种对经济问题的全民研讨中，人们不断地总结经验，不断地校正方向，不断地提升自己对于经济发展规律的认识水平。

植根于如此的沃土，能够从如此的沃土中汲取营养，中国政府的经济驾驭能力自然会日益提升，中国政府的宏观调控艺术自然会日臻成熟，中国政府的宏观调控作用也自然会发挥得越来越好。

从"三步走"到中国梦

张 占 斌 *

导语：在不同历史时期和发展阶段，根据人民意愿和事业发展需要，提出具有科学性、导向性和感召力的奋斗目标，是我们党团结带领人民推进国家建设的一条重要经验。改革开放以来，从"三步走"发展战略到中国梦宏伟蓝图，党提出的奋斗目标有力地引领中国人民推进社会主义现代化建设，创造了并将继续创造中国经济发展奇迹。

在不同历史时期，根据人民意愿和事业发展需要，提出具有科学性、导向性和感召力的奋斗目标，是中国共产党团结带领人民推进经济建设和改革开放的一个重要经验。邓小平、习近平等中国共产党领导人，在此方面进行了精心的探索。邓小平提出了"三步走"的战略目标，习近平提出了实现中华民族伟大复兴的中国梦愿

* 张占斌：国家行政学院经济学教研部主任、教授。

景。中国梦愿景，是我们党和国家在整个社会主义初级阶段的奋斗目标，是邓小平创造性地提出的"三步走"战略的最终实现形式。"三步走"战略的第三步目标为：到 21 世纪中叶人民生活比较富裕，基本实现现代化，人均国民生产总值达到中等发达国家水平，人民过上比较富裕的生活。这个目标与党的十八大提出的"两个一百年"奋斗目标是相一致的，也就是在全面建成小康社会的基础上，到 2050 年左右建成富强民主文明和谐的社会主义现代化国家。在 2050 年这个战略节点上，正是伟大的中国梦的实现时刻，从这个意义上讲，"三步走"战略的实现，既是"两个一百年"奋斗目标的实现，也是中国梦的最终实现。

一、"三步走"战略的设计

"三步走"战略是邓小平理论的重要组成部分，是实现中华民族伟大复兴奋斗目标的具体化，是改革开放后我们党提出的第一个现代化发展战略，它源于邓小平对小康社会的思考。

（一）党的第一代领导人对我国现代化发展的探索

实现现代化，是几代中国人的梦想。1953 年，随着各项改革的完成和国民经济的恢复，我国进入大规模经济建设时期。这年 9 月，党的过渡时期总路线提出，要在一个相当长的时期内，逐步实现国家的社会主义工业化。1954 年 6 月，毛泽东在关于宪法草案的讲话中提出，用三个五年计划，为社会主义工业化打下基础。同年 9 月，周恩来在政府工作报告中提出，要建设起强大的现代化工业、现代化农业、现代化的交通运输业和现代化的国防。这是我们党的领导人对四个现代化的最早表述。

1956 年，党的八大前，毛泽东进一步提出中国社会主义现代化建设分两步走的构想：第一步，用三个五年计划的时间实现初步工业化；第二步，再用几十年的时间接近或赶上世界发达的资本主义国家。同年 9 月，在党的八大期间，毛泽东把实现第二步目标所用的时间，明确为 50 年到 100 年。

自 20 世纪 50 年代末开始，党在指导思想上逐渐陷入"左"的错误，使社会主义现代化建设遭受严重挫折。经过努力纠"左"和调整，到 1963 年前后，党对社会主义现代化建设目标和发展步骤的判断又回到 1956 年党的八大时的正确认识上。1963 年 9 月，中央工作会议提出分"两步走"，实现四个现代化的发展战略：第一步，用 15 年时间，建立一个独立的、比较完整的工业体系和国民经济体系，使我国工业体系大体接近世界先进水平；第二步，用 50 年到 100 年时间，使我国工业走在世界前列，全面实现农业、工业、国防和科学技术的现代化，使我国经济走在世界前列。至此，四个现代化目标形成了完整的表述。

长达 10 年的"文化大革命"使党的工作重心发生了转向，分两步走的现代化战略遭到严重的破坏。1974 年 11 月，毛泽东作出把国民经济搞上去的指示。1975 年 1 月，周恩来在四届全国人大一次会议上，重申四个现代化建设"两步走"的发展战略。四届全国人大结束不久，复出工作的邓小平全力领导了以经济领域为主的整顿，在整顿的过程中，邓小平对 20 世纪实现四个现代化的目标作了思考。1975 年 6 月，他在会见美国报纸主编协会代表团时，描述了四届全国人大提出的现代化发展目标。邓小平指出，所谓现代化水平，就是接近或比较接近现在发达国家的水平。当然不是达到同等的水平。在这个时期内还办不到，因为中国有自己的情况，首先是人口比较多。1975 年 9 月，邓小平在全国农业学大寨会议讲话中指出，我们还很穷、很落后，不管是工业、农业，要赶上世界先进水平还要几十年的时间。

（二）小康目标的提出

1978 年，党的十一届三中全会决定全党的工作重点转移到现代化建设上来，怎样根据人民意愿和国家需要，推进好现代化建设，成为邓小平重点思考的问题。

搞现代化建设，首先要弄清楚中国与先进国家现代化的差距。为此，在邓小平等领导人的倡导下，1978 年前后，我国在封闭半封闭多年以后，打开国门，相继派出多批经济代表团、考察团，赴日本、西欧和美国等西方发达经济体考察。这些代表团、考察团出国最大的感受，就是世界经济发展太快了，现代化发展一个年代一个水平。邓小平本人也频繁出国访问，通过实地考察，邓小平真切地了解到了当代世界现代化发展的水平，感受到了中国与外部世界的差距。这促使邓小平思考，中国既定在 20 世纪末实现四个现代化战略目标的可行性。

1978 年 9 月，邓小平会见来访的日本新闻界人士时说，到 20 世纪末，我们实现了四个现代化，我们也还是不富，我们的水平与你们差得远。1979 年 3 月，邓小平在会见英中文化协会代表团时，第一次提出了"中国式的四个现代化"的概念。他说，我们定的目标是在 20 世纪末实现四个现代化，我们的概念与西方不同，我姑且用个新说法，叫作"中国式的四个现代化"。后来邓小平在中央政治局会议上又把"中国式的四个现代化"表述为"中国式的现代化"。"中国式的现代化"是一个全新的概念，同四个现代化相比，有什么不同？ 1979 年 7 月，邓小平在青岛接见山东省和青岛市委负责人时，第一次为"中国式的现代化"定出标准。他指出，人均收入达到 1000 美元，吃得好、穿得好、用得好，这就是到 20 世纪末要实现的"中国式的现代化"。

1979 年 12 月，邓小平在会见日本首相大平正芳时，提出一个著名的、影响中国以后几十年命运的设想，即到 20 世纪末达到小康水平。他说，我们的四个现代化的概念，不是你们那样的现代化的概念，而是"小康之家"。邓小平进一步解释道，20 世纪末，中国的四个现代化即使达到了某种目标，我们的国民生产总值人均水平也还是很低的，比如国民生产总值人均 1000 美元，也还得付出很大的努力。就算达到那样的水平，同西方来比，也还是落后的。所以，我只能说，中国到那时也还是一个小康的状态。

小康目标的提出，是邓小平从中国的国情出发，并参考世界发达国家现代化建设的经验，对 20 世纪 50 年代以来我们党提出的要在 20 世纪末全面实现四个现代化目标的重大调整和修改。这一目标的提出，对我们党科学制定和完善现代化发展战略目标，具有十分深远的意义。

（三）"三步走"发展战略的确立

怎样实现小康目标，邓小平做了精心的设计和规划。他多次指出，争取 20 年翻两番，10 年翻一番，两个 10 年翻两番，到 20 世纪末人均国民生产总值达到 800—1000 美元，进入小康社会。邓小平的这个构想，1981 年 11 月被写入五届全国人大四次会议通过的政府工作报告。报告指出，力争用 20 年的时间使工农业总产值翻两番，使人民的消费达到小康水平。

1982年9月，党的十二大报告正式把邓小平提出的20世纪末实现小康目标的构想确定为今后20年中国经济发展的战略目标：从1981年到20世纪末的20年，力争使全国工农业的年总产值翻两番，即由1980年的7100亿元增加到2000年的2.8万亿元左右。报告指出，实现了这个目标，我国国民收入总额和主要工农业产品的产量将居于世界前列，整个国民经济的现代化过程将取得重大进展，城乡人民的收入将成倍增长，人民的物质文化生活可以达到小康水平。

在制定和不断完善20世纪末实现小康社会目标的同时，邓小平还在思考中国下一个世纪的发展目标。1984年4月，邓小平指出，我们的第一个目标就是到20世纪末达到小康水平，第二个目标就是要在30年至50年内达到或接近发达国家的水平。1987年2月，邓小平在会见外宾时提到，到21世纪中叶我们建成中等发达水平的社会主义国家，把他之前提出的到21世纪中叶我国要达到或接近发达国家的水平的目标，修改为达到"中等发达水平"，这一修改，无疑使这一发展目标更加符合实际，也更加好把握了。

1987年4月，邓小平在同西班牙政府副首相会谈时，第一次比较完整地概括了从新中国成立到21世纪中叶100年间中华民族百年图强的"三步走"经济发展战略。他说：我们原定的目标是，第一步在20世纪80年代翻一番。以1980年为基数，当时国民生产总值人均只有250美元，翻一番，达到500美元。第二步是到20世纪末，再翻一番，人均达到1000美元。实现这个目标意味着我们进入小康社会，把贫困的中国变成小康的中国。那时国民生产总值超过万亿美元，虽然人均数还很低，但是国家的力量有很大增强。我们制定的目标更重要的还是第三步，在 21 世纪用 30 年到 50 年再翻两番，大体上达到人均 4000 美元。做到这一步，中国就达到中等发达的水平。

1987 年 10 月，党的十三大正式确认了邓小平提出的"三步走"发展战略：第一步，实现国民生产总值比 1980 年翻一番，解决人民的温饱问题。这个任务已经基本实现。第二步，到 20 世纪末，使国民生产总值再增长一倍，人民生活达到小康水平。第三步，到 21 世纪中叶，人均国民生产总值达到中等发达国家水平，人民生活比较富裕，基本实现现代化。然后，在这个基础上继续前进。

至此，邓小平完成了我国现代化建设"三步走"战略的设计。"三步走"战略把国家现代化这样一个宏伟目标，同十多亿人民群众的实际生活结合起来，先解决温饱问题，然后是小康水平，再是比较富裕的生活，使人们感受得到，体会得到。

（四）"三步走"战略在中国现代化道路上的意义

"三步走"战略是基于我国经济社会发展实际提出的现代化发展目标，对新时期我国的现代化发展具有重要的意义。

第一，"三步走"战略丰富和发展了我国现代化建设思想。毛泽东、周恩来等第一代领导人当时对于现代化的认识是以工业化为核心的。1953 年，毛泽东在制定过渡时期总路线时，把工业化确定为我国经济发展的目标，提出了为实现社会主义工业化而奋斗的口号。1956 年 9 月，党的八大进一步提出要在大约三个五年计划时期内，基本上建成一个完整的工业体系。这是一个在工业化的基础上实现四个现代化的设想。邓小平提出的"三步走"战略，不再把现代化的主要内容集中在工业化上，而是工业、农业、国防和科学技术的现代化。"三步走"战略还增加了一个非常重要的内容，就是把我国建设成为高度文明、高度民主的社会主义国家，这一点对于国家现代化发展至关重要。

第二，"三步走"战略符合现代经济发展理论。一般来说，一个国家的现代化发展需要经历传统社会阶段、起飞准备阶段、起飞阶段、发展成熟阶段、高额消费阶段、追求生活质量阶段。"三步走"战略符合现代增长理论关于现代化建设长期性、阶段性发展的特点，中国的现代化建设必然是一个长期的过程，而且有着非常明确的阶段性目标。"三步走"本身就是三个阶段、三个台阶，每个大的阶段里包含有小的台阶。邓小平多次强调，发展是硬道理，要抓住时机上台阶，过几年有一个飞跃，上一个台阶。

第三，"三步走"战略内含社会成员共同富裕的设计。"三步走"战略中，不仅提出了国民经济翻番的设计，而且明确提出来"温饱水平""小康水平""中等水平"等直接描述改善人民生活的概念。这就避免了以往经济发展的缺陷，更好地反映了新时期中国现代化建设发展的内在规律和本质要求，关注民生。"三步走"战略将新时期中国现代化建设的中心由过去重视国力的增长转向改善人民生活水平、共同富裕，极大地提高了人民群众参与国家现代化建设的积极性和主动性。

二、全面建设小康社会的提出

我国到 2000 年已胜利实现"三步走"战略的前两步，总体上步入小康社会。之后，第三步应该怎么走？邓小平并没有给出具体步骤。但他告诫后人，第三步要比前两步困难得多，我们还需要五六十年的艰苦努力，相信后人会完成这个任务。2000年10月召开的党的十五届五中全会认为，我们已经实现了"三步走"前两步战略目标，经济和社会全面发展，人民生活总体上达到小康水平。这些都是带有阶段性、根本性的变化。从新的世纪开始，我国将进入全面建设小康社会，加快推进现代化新的发展阶段。

（一）第一、第二步发展目标的实现

在"三步走"战略推动下，我国经济从1984年到1988年经历了一个加速发展时期，除1986年增长8.5%以外，其余年份的增长速度都在10%以上。国民生产总值从1984年的7206.7亿元，增长到1988年的14922.3亿元，增长了一倍，提前实现了原定到1990年国民生产总值比1980年翻一番的目标。全国绝大多数地区基本解决了温饱问题，部分地区开始向小康水平过渡。贫困地区人民生活也有了不同程度的改善。至此，"三步走"战略目标的第一步目标顺利实现。

按照"三步走"战略，从1991年到2000年，要实现现代化建设的第二步战略目标，这是我国现代化建设进程中一个非常重要和关键的发展阶段。经过全党全国人民的积极探索和艰苦努力，1995年我国国民生产总值提前5年实现了翻两番。1997年，我国人均国民生产总值也提前3年实现了翻两番。在这种情况下，党中央根据新的情况，不失时机地提出了建设小康社会的历史任务。党的十五大明确提出：现在完全可以有把握地说，我们党在改革开放初期提出的20世纪末达到小康的目标，能够如期实现。在中国这样一个十多亿人口的国家里，进入和建设小康社会，是一件有伟大意义的事情。这将为国家长治久安打下新的基础，为更加有力地推进社会主义现代化创造新的起点。

2000 年我们实现了现代化建设"三步走"战略的第一步和第二步目标，人民生活总体上达到了小康水平。

（二）从总体小康到全面小康

在总体上实现小康后，之所以要提出全面建设小康社会的目标，最根本的，是因为我国还只是刚刚跨入小康社会的大门，所达到的小康，是低水平的、不全面的、发展很不平衡的小康。主要表现在：一是我国现代化还有很长的路要走。2000 年我国人均 GDP 为 856 美元，相当于当年世界排名第一的挪威的 2.29%，排名第二的日本的 2.32%，排名第三的美国的 2.44%，排名第四的瑞士的 2.49%。还属于中下收入水平的国家。二是城乡二元经济结构没有改变。发达国家的农村人口在全国人口总数中只占百分之几，而我国农村人口在全国人口中的比重仍近 70%。三是我国仍面临发达国家在经济科技等方面占优势的巨大压力。经济体制和其他方面的管理体制还不完善，民主法制建设和思想道德建设等方面还存在一定的问题。所有这些决定了提高目前达到的小康水平，还需要进行长时期的艰苦努力。

党的十六大正式确立了全面建设小康社会的奋斗目标。党的十六大报告指出：当人类社会跨入 21 世纪的时候，我国进入全面建设小康社会、加快推进社会主义现代化的新的发展阶段。21 世纪头 20 年，对我国来说，是一个必须紧紧抓住并且可以大有作为的重要战略机遇期。这是实现现代化建设第三步战略目标必经的承上启下的发展阶段，也是完善社会主义市场经济体制和扩大对外开放的关键阶段。经过这个阶段的建设，再继续奋斗几十年，到 21

世纪中叶基本实现现代化，把我国建成富强民主文明的社会主义国家。

从总体性小康到全面小康表述意义的转变，表明党进一步深化了对小康社会的认识。总体小康与全面小康的主要区别：总体小康是指 20 世纪根据我国的国情，我们建设小康重点在解决温饱、提高物质文明水平，这一目标现在已达到。而全面建设小康社会是 21 世纪头 20 年将要达到的包括了经济、政治、文化、社会、生态等方面内容的目标，是"五位一体"的小康。

(三) 从全面建设小康到全面建成小康

2007 年，党的十七大报告对全面建设小康社会的愿景做了如下描述：到 2020 年全面建设小康社会目标实现之时，我们这个历史悠久的文明古国和发展中社会主义大国，将成为工业化基本实现、综合国力显著增强、国内市场总体规模位居世界前列的国家，成为人民富裕程度普遍提高、生活质量明显改善、生态环境良好的国家，成为人民享有更加充分民主权利、具有更高文明素质和精神追求的国家，成为各方面制度更加完善、社会更加充满活力而又安定团结的国家，成为对外更加开放、更加具有亲和力、为人类文明作出更大贡献的国家。

2012 年 11 月，党的十八大根据我国现代化发展的实际进程，从中国特色社会主义总体布局出发，提出了到 2020 年全面建成小康社会。将全面建设小康社会改为全面建成小康社会，标志着小康社会建设进入最后的关键阶段。同时党的十八大还提出了"两个一百年"奋斗目标，即在中国共产党成立 100 年时全面建成小康社会，在新中国成立 100 年时建成富强民主文明和谐的社会主义现代化国家。"两个一百年"奋斗目标，实际上与邓小平提出的"三步走"战略是一致的，是对"三步走"战略第三步的进一步细化和发展，在这一基础上实现中华民族的伟大复兴。

全面建成小康社会新要求具有以下几个特点：

第一，以党的十六大、十七大确立的目标为基础，保持目标的连续性。发展目标是长期性与阶段性的统一。全面建成小康社会是一个长期性的总体目标，党的十六大和十七大确立的全面建设小康社会的奋斗目标取得的重大成就充分证明，这些目标符合我国的基本国情，是完全正确的。党的十八大坚持在已经确立的全面建设小康社会的总体目标基础上，根据新的情况新的条件变化对一些目标和指标进行调整和深化，提出发展改革的新要求，而不是另起炉灶提出一套新的目标。

第二，集中精力解决全面建成小康社会进程中的突出矛盾和问题，使目标更具有针对性。当前和今后一个时期，我国经济社会发展中存在的突出矛盾和问题，是不平衡、不协调、不可持续问题，因此在目标要求的导向上，要把解决"三不"问题作为全面建成小康社会的主要着力点。

第三，明确深化改革开放的目标和要求，突出改革开放在全面建成小康社会中的重要战略地位。21世纪第二个10年是我国现代化进程中具有关键意义的历史阶段，这期间我们不仅要着力解决好经济社会发展中一些突出矛盾和问题，更要在重要领域和关键环节改革上迈出实质性步伐，以改革的办法解决发展中的问题，为全面建成小康社会提供强有力的动力和制度保障。

第四，提出生态文明目标，体现"五位一体"总体布局的要求。党的十七大明确提出了生态文明建设的目标，经过多年的实践，各方面一致认为，必须把生态文明建设放在更加突出的地位，纳入中国特色社会主义事业总体布局，进一步强调生态文明建设的地位和作用。

第五，提出两个翻番的新要求，目标切实可行。党的十八大报告在经济持续健康发展的目标要求中提出，到 2020 年在发展平衡性、协调性、可持续性明显增强的基础上，实现国内生产总值和城乡居民人均收入比 2010 年翻一番。国内生产总值或人均国内生产总值，是从总体上反映经济发展程度的核心指标。从经济发展条件来看，经过努力是可以实现的。

三、中国梦愿景

2012 年 11 月，党的十八大刚刚闭幕不久，习近平率领中央领导来到国家博物馆，参观《复兴之路》展览。他指出，实现中华民族伟大复兴，就是国家富强、民族振兴、人民幸福。中华民族伟大复兴的中国梦一经提出，就释放出强大的号召力和感染力。老百姓热议中国梦，社会舆论聚焦中国梦，海外华人述说中国梦，国际社会关注中国梦，中国梦成为中国走向未来的鲜明指引。

（一）中国梦的历史意义

中国梦所反映的是一种追求。一般来说，梦是自由自在的，能摆脱现实约束。安于现状没有梦，甚至小步前行也不是梦。一个停滞不前的社会是没有梦的，一个按部就班的社会也是没有梦的。我们认为，中国梦既立足于现实，又明显高于现实。从中华民族伟大复兴的角度来看，中国梦有中华民族复兴梦的内涵，似乎有点周而复始的意思，但中国梦本质上应该是面向未来，追求卓越。

第一，中国梦顺应了当今中国的发展大势，昭示了党和国家走向未来的宏伟图景。紧跟时代发展步伐、把握中国现实要求，提出鼓舞人心的行动纲领和奋斗目标，是我们党带领人民推进事业发展的鲜明特征。从推翻"三座大山"到建设新中国，从实现"四个现代化"到全面建成小康社会，每一次纲领目标的提出，都照亮了我们的奋斗前程，凝聚了人民的奋进力量。经过长期的历史探索和艰苦实践，我们党成功开创和发展了中国特色社会主义，中华民族正迎来伟大复兴的光明前景。现在，我国经济实力、综合国力大幅跃升，人民生活显著改善，逐步由发展中大国向现代化强国迈进，由低收入国家向中高收入国家迈进。可以说，我们已站上一个新的历史起点，进入一个新的历史时期，比以往任何时候都更加接近民族复兴的目标，实现民族复兴已是大势所趋。提出伟大中国梦，与中华民族历史传统相承接，与当今中国发展大势相契合，确立了党和国家事业发展新的历史坐标。

第二，中国梦顺应了全国各族人民创造美好未来的热切期盼，反映了全体中华儿女梦寐以求的共同心愿。中华民族是一个伟大的民族，创造了辉煌灿烂的中华文明。但进入近代以后，历经沧桑、历经磨难，每一个中国人、每一个炎黄子孙都更加懂得民族复兴的意义。实现民族伟大复兴，体现了中华民族和中国人民的整体利益，深深扎根于中国人的心底，烙印在民族记忆的深处，成为全国各族人民的共同理想。可以说，中国梦道出了中国人民的心声，道出了海内外中华儿女的渴望，最具凝聚力感召力，最具广泛性包容性，是最大公约数，成为激励中华儿女团结奋进、开辟未来的一面旗帜。

第三，中国梦顺应了世界发展进步的潮流，展示了中国为人类文明作出更大贡献的意愿。随着改革开放和社会主义现代化建设的推进，中国逐步走向世界舞台的中心，中国的发展越来越离不开世界，世界的发展也越来越离不开中国。国际社会关注中国的发展理念、发展走向，希望分享中国的发展机会、发展成果。中国梦是亿万中国人民的民族复兴之梦，也是同世界人民携手共进、同各国合作共赢之梦。中国人民素有珍爱和平、崇尚和谐、开放包容的传统，想发展、怕动荡、盼和平。复兴之梦也是和谐之梦、和平之梦。中国的发展、中国梦的实现，意味着世界和平与发展力量的增强，意味着人类文明的进步，既有利于中国赢得尊严和尊重，也有利于推动实现持久和平、共同繁荣的世界梦。

（二）"三步走"战略与中国梦

在改革开放初期，邓小平为我们确定了"三步走"战略，用以凝聚力量、动员人民、组织队伍。"三步走"战略是一个积极而富于挑战性的战略，具有鲜明的追赶先进的意识，体现了中华民族的雄心壮志。在中华民族伟大复兴的关键时期，习近平提出中国梦战略，也是这样一个凝聚人心、动员人民和组织队伍的奋斗目标。梦就是理想，就是追求。用目标来凝聚人心、动员人们、组织队伍，带领人民群众实现理想，是中国共产党领导革命、建设和改革的重要经验。

中国梦是国家民族的梦，也是每个中国人的梦，归根到底是人民的梦。中国梦、中国道路最终都要落到老百姓的幸福生活上，这是习近平特别强调的。他说，"实现中华民族伟大复兴的中国梦，就是要实现国家富强、民族振兴、人民幸福"。中华民族是一个具有悠久历史、灿烂文明的伟大民族，是一个勤劳勇敢、自强不息的伟大民族。实现中华民族伟大复兴的中国梦，展现了中华民族的光明前景。中国梦不仅仅是理想、是目标，也是现实，反映在每个中国人的生活中。中国梦的实现，要体现在解决老百姓关心的一件一件具体事情上，这正是全面建成小康的本质要求。

只有这样，才能使人民群众感受到这个梦的好处，是真实的、可以实现的，感觉到这个梦和他们有关系，愿意为实现这个梦而付出、去奋斗。对个人而言，梦想是人活着、奋斗着的重要精神动力，失去了梦想，人们也就没有了精气神，也就失去了精彩的人生；对民族而言，梦想是自立自强的依托，失去了梦想，民族也就没有了未来。从这个意义上讲，"向下扎根、向上生长"的中国梦，承载着中华民族的未来与希望，承载着全面建成小康社会的下一个伟大目标。

因此，在全面实现小康社会的基础上，完成"三步走"战略的第三步，最终在 2050 年战略节点上实现伟大的中国梦，这是"三步走"战略与中国梦的内在逻辑所在。由此，这个梦也才能真正成为凝聚人民、激励人民的一个实实在在的奋斗目标。邓小平当初之所以要用"小康"这个概念来表述我们的目标，党的十八大提出全面建成小康社会，使每个老百姓都过上更加富裕、更高水平的小康生活，正是基于这个认识。也只有这样，在 2050 年这个战略节点上，"三步走"战略的第三步才能实现，伟大的中国梦才能最终梦想成真。

（三）努力实现中国梦

习近平指出，"现在，我们比历史上任何时期都更接近中华民族伟大复兴的目标，比历史上任何时期都更有信心、有能力实现这个目标"，同时亦强调"中国是一个大国，决不能在根本性问题上出现颠覆性错误，一旦出现就无法挽回、无法弥补"。面对浩浩荡荡的时代潮流，面对人民群众过上更好生活的殷切期待，我们必须扎扎实实做好自己的事情，继续沿着"三步走"战略前进，继续为实现中华民族伟大复兴的中国梦而努力奋斗。

第一，坚持走中国道路。这就是中国特色社会主义道路。这条道路来之不易，它是在改革开放三十多年的伟大实践中走出来的，是在中华人民共和国成立六十多年的持续探索中走出来的，是在对近代以来170多年中华民族发展历程的深刻总结中走出来的，是在对中华民族5000多年悠久文明的传承中走出来的，具有深厚的历史渊源和广泛的现实基础。中华民族是具有非凡创造力的民族，我们创造了伟大的中华文明，我们也能够继续拓展和走好适合中国国情的发展道路。全国各族人民一定要增强对中国特色社会主义的理论自信、道路自信、制度自信，坚定不移沿着正确的中国道路奋勇前进。

第二，坚持弘扬中国精神。这就是以爱国主义为核心的民族精神，以改革创新为核心的时代精神。这种精神是凝心聚力的兴国之魂、强国之魂。爱国主义始终是把中华民族坚强团结在一起的精神力量，改革创新始终是鞭策我们在改革开放中与时俱进的精神力量。全国各族人民一定要弘扬伟大的民族精神和时代精神，不断增强团结一心的精神纽带、自强不息的精神动力，永远朝气蓬勃迈向未来。

第三，坚持凝聚中国力量。这就是中国各族人民大团结的力量。中国梦是民族的梦，也是每个中国人的梦。只要我们紧密团结，万众一心，为实现共同梦想而奋斗，实现梦想的力量就无比强大，我们每个人为实现自己梦想的努力就拥有广阔的空间。生活在我们伟大祖国和伟大时代的中国人民，共同享有人生出彩的机会，共同享有梦想成真的机会，共同享有同祖国和时代一起成长与进步的机会。有梦想，有机会，有奋斗，一切美好的东西都能够创造出来。我们一定要牢记使命，心往一处想，劲往一处使，用 13 亿人的智慧和力量汇集起不可战胜的磅礴力量，在 2050 年这个战略节点上，我们一定能够最终完成"三步走"战略，实现伟大的中国梦。

新常态下
中国经济还行不行

如何看新常态下的增速之变

汪 同 三 [*]

导语：我国经济发展进入新常态，首先让人感受深刻的是经济增长速度由高速甚至超高速转变为中高速。经济增长从高速到中高速的转变，有利于我国经济迈上中高端水平和调速不减势、量增质更优的新台阶。在我国经济增长从高速向中高速转变的过程中，经济社会发展取得重要成就，为在新常态下实现经济提质增效升级奠定了坚实基础。

我国经济发展进入新常态，首先让人感受深刻的是经济增长速度由高速甚至超高速转变为中高速。确实，过去五年里，我国国内生产总值增速由 2010 年的 10.4% 逐步下降到 2014 年的 7.4%。2015 年的政府工作报告对 2015 年 GDP 增长的预期目标是 7% 左右。如何看待这种增长速度的变化？

---

[*] 汪同三：中国社会科学院学部委员。

一、从高速到中高速的转变适应了经济上台阶的现实需要

经济增长从高速到中高速的转变，有利于我国经济迈上中高端水平和调速不减势、量增质更优的新台阶。

中高速增长有利于转变经济发展方式。20 世纪 70 年代末，我国经济实力与大国地位严重不相称，经济发展水平严重落后于世界水平，甚至国民经济一度濒临崩溃的边缘。不把经济搞上去，其他事情都谈不上。因此，改革开放的首要任务是加快发展经济。在改革开放的前 30 年，我国经济保持年均 9.7% 左右的高速增长，经济社会发展取得举世瞩目的辉煌成就。但与此同时，经济增长方式粗放的问题日益突出，资源环境压力越来越大，经济增长与社会发展和人民生活脱节的现象日趋严重，我们越来越深刻地认识到加快转变经济发展方式的重要性和迫切性。如果继续沿袭粗放增长方式，盲目追求高增长速度，不仅会损害经济社会健康发展，而且会阻碍全面建成小康社会目标实现。中高速增长则给经济发展留下较大的调整空间和回旋余地，有利于经济提质增效升级。

中高速增长有利于继续保持经济社会发展良好态势。我国经济体量已经非常庞大，2014 年我国 GDP 总量达到 63.6 万亿元，一个百分点的增长就意味着 6000 多亿元的新增产出。如此庞大的经济体量，继续保持高速、超高速增长不仅没有必要，也不可能。发达国家在工业化初期曾有过较快增长阶段，以后便在经济波动中减慢下来。上世纪一些新兴经济体利用后发优势，实现过快速增长，但最多持续 10 年左右。我国持续 30 年左右的高速增长，创造了独一无二的世界奇迹。随着我国经济体量的不断扩大，经济增长速度逐

步减缓，是经济发展的必然规律。在我国已具备较为雄厚的物质实力、经济总量稳居世界第二、多项重要产品生产能力位居世界前列、产业门类比较齐全、各项基础设施日趋完善、抵御各种冲击能力明显提高的情况下，中高速增长完全能够继续保持住综合国力不断提升、城乡居民收入稳步增加、人民生活水平明显改善的良好态势。

中高速增长可以保障就业。在宏观调控诸目标中，我们已经把就业放在首位，高度重视保障和扩大就业。过去几年，虽然我国经济增长速度减缓，但新增就业岗位逐年增加。在新常态下，经济增速的就业弹性有所提高，已经不需要太高的经济增速就可以实现就业预期目标。另一方面，我国三次产业结构中服务业的比重加快上升，服务业对就业的吸纳能力高于工业，也进一步为保障就业创造了条件。

二、我国在增长速度转变过程中取得重要发展成就

近几年，在我国经济增长从高速向中高速转变的过程中，经济社会发展取得重要成就，为在新常态下实现经济提质增效升级奠定了坚实基础。

在宏观经济方面，经济运行总体平稳且处于合理区间，经济总量和增长速度在世界主要经济体中名列前茅；全年货物进出口总额 264334 亿元，货物贸易总量居世界之首；城镇新增就业创历史新高，2014 年新增就业达到 1322 万人，年末城镇登记失业率为 4.09%，远低于预期指标；物价水平特别是居民消费价格保持稳定。

在经济结构方面，截至 2014 年，服务业增加值占 GDP 的比重达到 48.2%，比上年提高 1.3 个百分点；消费增长对经济增长的贡献率比上年提高 3 个百分点，达到 51.2%；特别引人注目的是新产业、新业态、新商业模式不断涌现，全年网上零售额 27898 亿元，比上年增长 49.7%，对宏观经济的拉动作用日益明显。产能过剩矛盾受到高度重视，"十二五"前四年，累计淘汰炼钢、炼铁、水泥、平板玻璃落后产能分别达到 7500 万吨、6900 万吨、5.7 亿吨和 1.52 亿重量箱，大幅度超额完成"十二五"淘汰落后产能的目标。

在微观经济效益方面，我国劳动生产率稳步提高，2014 年全员劳动生产率为 72313 元 / 人，比上年提高 7.0%；全年规模以上工业企业实现利润 64715 亿元，比上年增长 3.3%；财政收入稳定增长，全年全国一般公共财政收入 140350 亿元，增长 8.6%。

在资源环境方面，全社会节约资源、保护环境的意识明显增强，行动更加坚决。2014 年能耗强度明显下降，全国万元国内生产总值能耗下降 4.8%，万元国内生产总值用水量下降 6.3%，万元工业增加值用水量下降 5.6%。

在人民生活方面，党的十八大以来，城乡居民收入特别是农村居民人均收入增速连续数年高于 GDP 增速。2014 年全国居民人均可支配收入 20167 元，比上年增长 10.1%，扣除价格因素，实际增长 8.0%；农村居民人均可支配收入 10489 元，比上年增长 11.2%，扣除价格因素，实际增长 9.2%，均明显高于 GDP 增速。

在当前复杂严峻的国际国内环境中，我们能取得这份亮点频现的优异成绩单，实现增长减速而经济社会发展不减速，这也是我们正确认识新常态、引领新常态的丰硕成果。

在这些可量化表述的成绩背后，还有两方面的成绩可圈可点。

第一，创新宏观调控的思路与方式。在应对国内外纷繁复杂的各种问题时，特别是面对两年来经济下行压力加大的态势，我们没有采取短期强刺激措施，而是积极创新宏观调控思路和方式。牢牢把握经济运行合理区间的上下限，在区间调控的基础上注重定向调控、精准发力，有效降低宏观调控成本。宏观调控通过促改革激发发展动力，通过调结构增强发展活力，通过惠民生挖掘发展潜力，保证了宏观经济运行的稳定和可持续。第二，简政放权，减少行政审批。在全面深化改革、全面依法治国的大背景下，本届政府从自身改起，把加快转变职能、简政放权作为第一件大事。截至 2014 年年底，已经减少 1/3 的行政审批事项，为引领新常态提供了制度保障，调动了社会大众的创新潜力，激发了经济社会发展活力。

三、引领新常态必须遵循市场经济规律

较之原来注重增长速度的经济发展模式，新常态要求经济社会多目标协调平衡发展，更加注重通过结构调整和创新驱动实现经济增长质量和效益的提高，更加注重扩大就业、社会和谐和改善人民生活，更加注重节约资源和保护生态环境、促进可持续发展。引领经济发展新常态，必须遵循市场经济规律，勇于担当、攻坚克难，敢于直面前进中的困难和挑战。

坚持发展，主动作为。以经济建设为中心是兴国之要。发展是硬道理，是解决我国所有问题的关键。必须看到，我国是世界上最大的发展中国家，目前仍处于并将长期处于社会主义初级阶段，需要完成全面建成小康社会、实现中华民族伟大复兴中国梦的历史使命，需要化解前进中的各种矛盾和风险。没有合理的经济增长速

度，一切都是空谈。经济发展新常态不是不要经济增长速度，而是要能够实现比较充分就业的增长速度，要以不断提高劳动生产率、投资回报率、资源配置效率为支撑的增长速度，要实现经济社会全面发展。在经济下行压力大的形势下，应保持稳增长与调结构的平衡，特别是注意控制投资增速过度下滑。从中长期经济社会发展来看，经济结构的增量调整要靠投资实现，消费对经济增长的拉动作用最终也要体现在形成投资上。当前，在继续发挥消费推动经济发展基础作用的同时，应注意发挥合理和有效投资对经济发展的关键作用，解决好调优投资结构、提高投资效益的问题。

坚定不移地全面深化改革。解放和发展生产力，增强和激发经济社会活力，是引领经济发展新常态的重要内容。党的十一届三中全会以来，我国之所以能够发生翻天覆地的变化，生产力得到巨大解放，靠的就是改革。面对前进中的各种困难和挑战，只有全面深化改革，才能进一步解放和发展生产力，实现各项既定目标。当前，在着力推进财税金融改革、投融资体制改革、价格改革和行政管理体制改革的同时，特别应着力深化国企国资改革，因为国企国资改革不仅关乎国有企业和国有经济，而且关乎整个实体经济的活力、效率和前景。

稳定和完善宏观调控。在经济发展新常态下，保持宏观经济政策的主动性、稳定性和连续性尤为重要。经济波动是市场经济的必然现象，只要波动在合理可控范围内，就要保持平常心。应认真分析和正确对待经济运行中的长期趋势因素和短期波动因素，既尊重和引导长期趋势，也善于利用有利的短期因素、克服不利的短期因素。应继续实施积极的财政政策和稳健的货币政策。财政政策要加力增效，货币政策要松紧适度。加强预调微调，加强定向调控，通过激发微观活力和提高创新驱动发展水平促进宏观经济稳定。

提高政府工作水平。引领经济发展新常态，既要使市场在资源配置中起决定性作用，又要更好发挥政府作用。从政府工作来讲，一方面应倡俭治奢、强化服务、依法行政，创造性地履行职责；另一方面应坚决反对和治理一些地方和部门存在的为官不为、懒政怠政现象。公开曝光和严肃处理那些在其位不谋其政、该办的事不办、当一天和尚撞一天钟的人。实现经济中高速增长，需要政府这只"看得见的手"在引领经济发展新常态中更好地发挥作用。

我国有阻止经济下行的足够力量

——2015—2020 年经济走势分析

刘 树 成[*]

导语：在新常态下，经济增长从高速转向中高速，我们要主动适应新常态，坚持以提高经济发展质量和效益为中心，坚持把转方式调结构放到更加重要的位置，但这并不意味着要使经济增速一路下滑。我们有阻止经济下行的足够力量。2016—2020 年，以"一带一路"、京津冀协同发展、长江经济带这三大国家战略为引擎所释放出的新动力，加之"十三五"规划的启动与实施，将会积蓄起经济增长向上的推动力量。

一、中国经济增长进入速度换挡期

2008 年和 2009 年，在应对国际金融危机的冲击中，我国 GDP

---

[*] 刘树成：中国社会科学院学部委员、经济学部副主任。

季度同比增长率走出了一个"V"字形的先下降、后反转的轨迹。到 2010 年第一季度，GDP 增长率回升到 12.1% 的高峰。其后，从 2010 年第二季度开始，至 2014 年第四季度降到 7.3%，经济增速出现了连续 19 个季度的回落（见图 1）。这表现出我国经济进入了由高速增长转向中高速增长的速度换挡期，我国经济发展进入新常态。

（单位：%）

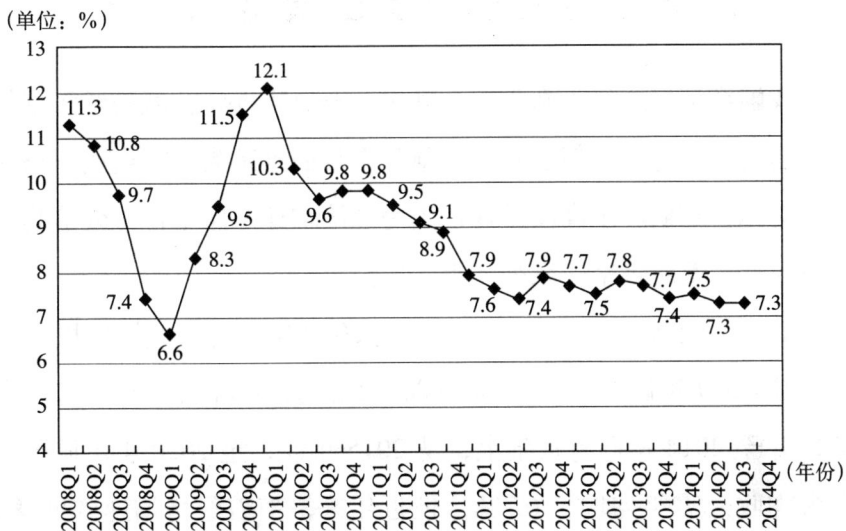

图 1　GDP 季度同比增长率（2008 年第一季度至 2014 年第四季度）

从 2010 年第二季度至 2014 年第四季度，这 19 个季度 GDP 增速的回落可以分为两个小阶段：

第一个小阶段，是增速大幅回落。从 2010 年第一季度的 12.1%，下降到 2012 年第三季度的 7.4%，回落了 4.7 个百分点。

第二个小阶段，是增速逐渐趋稳，但稳中仍略降。从 2012 年第四季度的 7.9%，下降到 2014 年第四季度的 7.3%，回落了 0.6 个百分点，降幅已明显收窄。

2015 年，经济增长的下行压力依然较大。经济增长预期目标下调到 7% 左右。2015 年，经济增速仍会继续有所回落，但降幅有望进一步收窄。若 2015 年内 GDP 季度增速的最低点暂以 7% 预计，从 2014 年第四季度的 7.3% 到 2015 年预计最低点的 7%，降幅仅为 0.3 个百分点。

二、不能把新常态理解为经济增速一路下行

我国经济发展进入新常态，其中，一个重要特征就是经济增长由高速转向中高速。但也有人将新常态片面理解为经济增速一路下行。对此，我们应予高度重视，因为经济增速一路下行将会给我国经济与社会发展带来一系列严重问题。

其一，经济增速若一路下行，到 2020 年，将使城镇居民人均收入比 2010 年翻一番的目标难以实现。按照翻一番的要求，在 2011 年至 2014 年已有基础上，从 2015 年起，至 2020 年，城镇居民人均收入需年均增长 6.7%。但近年来，随着经济增速的回落，到 2014 年，城镇居民人均收入的增长已降至 6.8%，即已降到翻一番所需最低增长率的边缘。今后，若经济增速一路下行，从 2015 年开始，城镇居民人均收入的增长将会降至 6.7% 以下。这样，到 2020 年，城镇居民人均收入就不能实现翻一番的目标了。

其二，经济增速若一路下行，将会严重影响社会预期和企业投资。按照到 2020 年国内生产总值比 2010 年翻一番的要求，在 2011 年至 2014 年已有基础上，从 2015 年起，至 2020 年，国内生产总值需年均增长 6.6%。有机构预测，到 2020 年，国内生产总值的增长将一路下行到 6% 或更低。若这个下行较缓，从 2015 年至 2020 年平均增速不低于 6.6%，则国内生产总值翻一番的目标仍有

可能勉强实现。若这个下行过快，使平均增速低于 6.6%，那么国内生产总值翻一番就成了问题。即使翻一番勉强实现，但国内生产总值季度增长率将会出现一条从 2010 年至 2020 年连续长达 11 年的下行轨迹。这将造成一种经济增速不断下降的预期，极不利于稳定和提振市场信心。而且，随着近年来经济增速的回落，企业盈利增速下降。到 2014 年，规模以上工业企业实现利润的增长已降至 3.3%的较低水平，既低于国内生产总值的增长率 7.4%，亦低于城镇居民人均收入的增长率 6.8%，更低于全国财政收入的增长率 8.6%。同时，到 2015 年 1 月，工业生产者出厂价格已连续 35 个月处于负增长的通缩状态。社会预期的不断下降，特别是企业赢利预期的不断下降，将会严重影响企业的投资，并由此影响企业的技术创新和升级。

其三，经济增速若一路下行，将会影响财政收入的增长。2014年，全国财政收入增长 8.6%，为 1992 年以来，即 23 年来首次进入个位数增长。今后，若经济增速一路下行，财政收入增速也会一路下行。这样，需要财政支持的经济结构调整、经济发展方式转变、有关改革措施、各项社会事业的发展、社会保障的扩大、收入差距的调节等，都会受到影响。

三、寻找具有中长期持久推动的力量

近三年来，宏观调控的"微刺激"措施起到了"保下限"的作用，但经济增长的下行压力一再对经济运行合理区间的下限造成冲击，每年形成了这样一个循环圈，即"经济增速下滑—微刺激—小幅反弹—再下滑"的循环圈。大体上说，每年初，经济增速下滑；

然后，采取"微刺激"措施，经济增速小幅反弹；下半年或下一年初，经济增速又继续下滑。

这样，宏观调控年年要打"下限保卫战"，而"微刺激"措施的效力越来越差，守下限越来越被动。加之经济增速下滑具有惯性，如果没有抵挡下滑的足够力量，或者一旦国内外经济环境有个"风吹草动"，即出现某些不确定性因素的冲击，经济运行随时就可能滑出下限。显然，要摆脱上述循环圈，摆脱年年打"下限保卫战"的被动局面，防止经济增速一路下行，已经不是靠短期的"微刺激"措施、不是靠简单的放松政策、不是靠一个个零碎地推出一些项目就能解决的。也就是说，已经不是在短期宏观调控层面所能解决的。同时，也不是纯粹靠市场机制的调节所能解决的，市场机制具有自发性和下滑惯性。

要摆脱上述循环圈，摆脱年年打"下限保卫战"的被动局面，防止经济增速一路下行，就需要从国家宏观经济管理的更高层面，也就是从中长期经济发展的总体战略层面来解决，寻找对于经济增长具有中长期持久推动的力量。这就要求从我国是一个地域辽阔、人口众多的发展中大国，并仍处于社会主义初级阶段的基本国情出发，精心谋划和用好我国经济的巨大韧性、潜力和回旋余地，寻求我国经济发展在资源配置的空间格局上有战略性的重大突破和创新，构建中国经济发展的新棋局，释放出需求面的巨大潜力，释放出供给面的巨大潜力。

四、经济发展空间格局三大国家战略的形成

以习近平同志为总书记的党中央，近年来在积极开展反腐倡

廉、全面深化改革、全面推进依法治国的过程中，也就是在全面展开治国理政大布局的过程中，不停地在探索我国经济发展空间格局的重大突破和创新。这一探索的主要时间表如下：

2013年9月和10月，习近平主席在出访中亚和东南亚国家期间，先后提出建设"丝绸之路经济带"和"21世纪海上丝绸之路"的战略构想。这一战略构想于2013年11月纳入了党的十八届三中全会通过的《中共中央关于全面深化改革若干重大问题的决定》，于2014年3月纳入了《政府工作报告》。这表明"一带一路"上升为国家战略。2014年11月，习近平总书记主持召开中央财经领导小组第八次会议，专门研究"一带一路"规划问题。

2013年5月，习近平总书记在天津调研时提出，谱写新时期社会主义现代化的京津"双城记"。2013年8月，习近平总书记在北戴河主持研究河北发展问题时提出，要推动京津冀协同发展。2014年2月，习近平总书记在北京主持召开座谈会，专题听取京津冀协同发展工作汇报，提出实现京津冀协同发展是一个重大国家战略。

2014年3月，《政府工作报告》中提出，依托黄金水道，建设长江经济带。2014年4月25日，习近平总书记主持召开中共中央政治局会议，研究当前经济形势和经济工作。会议提出"推动京津冀协同发展和长江经济带发展"。紧接着，4月28日，李克强总理在重庆主持召开座谈会，研究部署建设长江经济带问题。2014年9月，国务院印发《关于依托黄金水道，建设长江经济带的指导意见》。

到2014年12月，中央经济工作会议在"优化经济发展空间格局"这一任务中，明确提出"要重点实施'一带一路'、京津冀协同发展、长江经济带三大战略，争取明年有个良好开局"。由此，标志着我国经济发展空间格局的三大国家战略正式形成。三大国家战略的形成，是党中央、国务院在我国经济发展进入新常态情况下，根据全球经济形势的深刻变化，统筹国内国际两个大局而作出的重大决策部署，是我国经济发展在空间格局上的重大突破和创新，是对于经济增长具有中长期持久推动作用的力量。

三大国家战略的实施，能够促进国内东、中、西部区域之间广阔的合纵连横，推进新型城镇化和城乡结构的大调整，以点带线，由线到面，形成新的经济增长极、增长带和城市群；能够促进国际与国内经济发展的互联互通，形成我国沿海、沿江、沿边全方位对外开放的新局面。三大国家战略的实施，不仅能释放出提升投资的巨大潜力，而且能释放出扩大消费的巨大潜力，使消费在经济发展中更好地发挥基础作用、使投资更好地发挥关键作用。三大国家战略的实施，不仅能释放出扩大内需的巨大潜力，而且能释放出拓展外需的巨大潜力，促进"三驾马车"更均衡地拉动经济增长。三大国家战略的实施，不仅能释放出需求面的巨大潜力，而且能释放出供给面的巨大潜力，提高资源配置效率，促进经济创新驱动和提质增效升级。三大国家战略的实施，对于增强我国经济发展后劲，全面建成小康社会，成功跨越"中等收入陷阱"，维护和延长我国发展的重要战略机遇期，实现中华民族伟大复兴，更具长远意义。

2015年，三大国家战略的实施将会有良好开局。2015年，虽然经济增速仍会继续有所回落，但有望触底，即有望完成阶段性探底过程。2016年至2020年，以三大国家战略为引擎所释放出的新动力，加之"十三五"规划的启动与实施，将会积蓄起经济增长向上的推动力量，有望使经济增速止跌企稳，并适度回升。

五、为经济增速适度回升积蓄力量

在新常态下，经济增长从高速转向中高速。我们要主动适应新常态，坚持以提高经济发展质量和效益为中心，坚持把转方式调结构放到更加重要位置，但这并不意味着要使经济增速一路下行。我们说要为我国经济增速在合理区间内适度回升积蓄力量，也不是说要重回过去两位数的高增长状态，而是说要遵循经济波动客观规律，使经济增速在合理区间内有升有落，正常波动，健康地推进。

经济学原理告诉我们，经济波动在上升期和回落期具有不同的功能。回落期是调整期、消化期、淘汰期，这时市场低迷，企业经营困难，预期前景不看好，难以扩大投资和实现创新驱动。而上升期是创新活跃期、市场活跃期、投资和消费活跃期，预期前景看好，有利于推进经济实现提质增效升级。

现在，常听人们说，要利用经济下行的"倒逼机制"使企业加快转方式、调结构、实现技术创新。实际上，"倒逼"的压力是在经济下行阶段产生的，也就是说，"倒逼"所要解决的问题是在经济增速下行时暴露出来的，而这些问题的最终解决则要在经济回升过程中。也就是说，"倒逼机制"的最终实现则是在经济上行阶段。因为在宏观经济回升的大环境中，企业生产经营状况改善，企业利润增速提高，原材料、机器设备等生产资料价格尚处于低位，信贷条件相对宽松，市场前景看好，市场信心恢复，这就有利于企业扩大投资，有利于企业转方式、调结构、实现技术创新①。

---

① 刘树成：《巩固和发展经济适度回升的良好态势》，《经济学动态》2013年第3期。

经济学家熊彼特曾有一个著名的论断和分析[①]：经济发展过程是"创造性破坏的过程"，是"不断地破坏旧结构，不断地创造新结构"，二者一起形成称为经济周期的过程。他具体把周期分为四个阶段，即复苏、繁荣、衰退、萧条。复苏和繁荣的上升波动是实现创新、创造新结构的过程；衰退和萧条的下降波动是对创新的消化、清理、调整和吸收的过程，即破坏旧结构的过程。

由此，我们应该主动利用经济波动规律，以经济发展空间格局的重大突破和创新为引擎，不断地创造新结构(包括新的区域结构、新的城乡结构、新的城市结构、新的需求结构、新的产业结构和供给结构等等)，积蓄和释放持久的、向上的推动力量，促进经济增速适度回升，开创经济发展新局面。

为了在我国经济发展进入新常态下更好地实施三大国家战略，促进经济增速适度回升，一定要做到两个"坚持"：一是坚持稳中求进，二是坚持以改革推进。

其一，坚持稳中求进，着眼于转变经济发展方式。要以提高经济发展质量和效益为中心，促进经济发展方式从规模速度型粗放增长转向质量效率型集约增长。鉴于历史的经验教训，要牢记"四个不能"：不能急于求成，不能一哄而起，不能盲目追求速度，不能低水平竞争。要搞好顶层设计，科学制定规划，落实好具体的实施方案、关键的标志性工程、相应的民生改善项目。要把年度、季度宏观调控措施，与三大国家战略的实施紧密结合。确定好三大国家战略到 2020 年及其后实施的时间表、路线图，并将它们具体化和

[①] 熊彼特：《经济发展理论》，中译本，商务印书馆 1990 年版，第 292—293 页；熊彼特：《资本主义、社会主义与民主》，中译本，商务印书馆 1999 年版，第 147 页。

精细化地逐一分解，分解为当前各年度、各季度可操作和可检查的措施，相互衔接、相互配套地实施。要明确，新一轮经济回升不是简单地把经济速度搞上去，而是要实现尊重经济规律、不导致大起大落的健康回升，实现没有水分、实实在在的回升，实现没有高通胀和资产泡沫的回升。在经济适度回升中，继续化解原来高速增长所遗留下来的问题，防范各种风险。

其二，坚持以改革推进，着眼于体制机制创新。要正确处理政府和市场的关系，使市场在资源配置中起决定性作用，同时，更好地发挥政府作用。在三大战略实施中，政府作用除了体现在搞好顶层设计，科学制定和落实规划之外，就是要全面深化改革，以体制机制创新来推进整个工作和破解其中的困难。这涉及一系列重要的改革，包括政府行政体制改革、投融资体制改革、财政体制改革、金融体制改革、户籍制度改革、土地制度改革、收入分配制度改革、社会保障制度改革等等。

把握新常态下新亮点新机遇

郑 新 立[*]

导语：当前我国经济下行压力较大，发展中深层次矛盾凸显，面临的困难较多。但是，我国发展仍处于可以大有作为的重要战略机遇期，有巨大的潜力、韧性和回旋余地。我们要把握新常态下经济发展的新亮点、抓住新机遇，保持经济平稳健康发展。

2015 年的《政府工作报告》（以下简称《报告》）指出，我国经济下行压力还在加大，发展中深层次矛盾凸显，今年面临的困难可能比去年还要大。同时，我国发展仍处于可以大有作为的重要战略机遇期，有巨大的潜力、韧性和回旋余地。对当前经济形势的这一科学判断，既使我们保持清醒头脑，又使我们充满信心。我们要把握新常态下经济发展的新亮点、抓住新机遇，贯彻落实《报告》提出的各项政策措施，顺利实现今年的各项预期目标，保持经济平

---

* 郑新立：中国国际经济交流中心副理事长。

稳健康发展。

一、认清和做大新亮点

过去一年，我国经济在新常态下呈现不少新亮点，比较突出的有三个。

一是居民人均可支配收入达 20167 元，实际增长 8%，超过经济增长速度 0.6 个百分点。其中，城乡居民收入分别增长 6.8% 和 9.2%，农村居民收入增长速度继续超过城镇居民，城乡收入差距进一步缩小。收入分配上的这两个"超过"，带来了居民消费率的提高。这是多年期盼的结构调整的重大成果。

二是第三产业增加值增长速度及其占 GDP 的比重均超过第二产业。由此带来新增就业人数的较快增长，城镇新增就业 1322 万人，成为居民收入增长较快的重要原因。

三是研发投入强度超过 2%，技术创新成果开始成批涌现。我国在国内申请的技术专利数量居世界第一位，国际专利申请量同美国的差距迅速缩小。企业已成为研发投入和技术创新的主体。科技创新加快，有力地带动了产业升级。

我国经济发展呈现的新亮点充分说明，经过多年坚持不懈努力，我们在转变经济发展方式上取得了明显成效。继续沿着这个方向前进，不断做大新亮点，取得转方式、调结构的决定性胜利，就能推动国民经济在质量、效益上迈上一个新台阶。

2015 年的《报告》没有回避矛盾，而是实事求是地分析了当前经济运行中存在的问题，并有针对性地提出了解决矛盾的办法，包括即将付诸实施的各项宏观政策和改革举措。这将为我国经济发展提供许多难得的机遇。抓住和用好这些机遇，我们就能向保持中高速增长和迈向中高端水平"双目标"坚实迈进。

二、用好宏观经济政策和投融资改革新机遇

财政货币政策将创造较为宽松的经济环境。经过三十多年的改革发展，我国经济增长机理出现了一个重大变化，就是经济增长由供给约束为主转变为需求约束为主。需求不足成为当前经济运行中的主要矛盾，也是经济下行压力加大的根本原因。围绕解决这一矛盾，《报告》提出积极的财政政策要加力增效，赤字率从 2014 年的2.1%提高到2.3%。稳健的货币政策要松紧适度，广义货币 M2 预期增长 12%左右，在实际执行中，根据经济发展需要也可以略高些。落实这些政策措施，将对缓解有效需求不足的矛盾发挥至关重要的作用。在宏观经济管理中，货币政策的主要功能是调节总需求，使之与总供给保持大体平衡，从而保持物价和经济稳定。财政政策的主要功能是优化结构。由于投资与消费比例长期失衡，我国出现了需求不足和产能过剩问题。我国工业生产者出厂价格指数已连续 3 年多为负，2015 年 2 月份居民消费价格指数下降到 1.4%。《报告》关于财政货币政策的部署，对防止出现通货紧缩具有很强的针对性，将创造较为宽松的经济环境。

放宽准入等金融改革将降低企业融资成本。企业贷款利率高，中小微企业融资难，是长期存在的老大难问题。针对这个问题，《报告》根据党的十八届三中全会精神，提出"围绕服务实体经济推进金融改革。推动具备条件的民间资本依法发起设立中小型银行等金融机构，成熟一家，批准一家，不设限额"。放宽金融准入是

金融体制改革的重大突破，不仅为企业带来新的发展机遇，而且可以通过强化竞争降低企业贷款利率，有效解决中小微企业融资难、融资贵问题。长期以来，金融体制改革滞后，直接融资市场发育不足，造成企业债务率偏高，资金流动性差，一些前景看好的项目和企业得不到金融支持。《报告》有针对性地提出，推进利率市场化，实施股票发行注册制改革，发展服务中小企业的区域性股权市场，推进信贷资产证券化，扩大企业债券发行规模，发展金融衍生品市场。这一系列改革措施的落实，将促进市场发挥配置资源的决定性作用，显著改善企业融资环境，提高资金使用效益，从而激发经济活力。

投资体制改革将为企业创造更多投资机会。目前，我国公共产品、公共服务处于供给不足状态，特别是中西部地区和农村基础设施、公共服务落后，满足不了人们的需要。引导社会资金投入这些领域，既能消除经济社会发展瓶颈，又能拉动投资需求，对稳增长发挥重要作用。《报告》提出在基础设施、公用事业等领域积极推广政府和社会资本合作模式。对一些社会急需而政府又缺乏建设资金的基础设施和公共服务项目，如铁路、公路、供水、供电、医院、学校、养老院、幼儿园、停车场、充电桩等，可以采取特许经营权的办法，由政府制定政策，使投资能得到合理回报，并通过招投标，选择有资质的企业承担投资建设任务。用这个办法替代政府融资平台和土地财政，能办成许多政府想办而办不了的事，同时也能为民间资本找到大量新的投资机会。大幅缩减政府核准投资项目范围，下放核准权限，大幅减少投资项目前置审批等，将有力调动社会投资的积极性。

三、用好农业现代化和新型城镇化新机遇

推进农业现代化将进一步释放农村劳动力潜力。从三十多年的改革历程看，几乎每一次经济大发展都来自农村改革的新突破。当前，我们正处于从中高收入向高收入国家迈进的爬坡阶段，没有农业劳动生产率和农民收入的大幅度提高，没有农业的现代化，就很难扩大内需和进入高收入国家行列。再次聚焦农村改革，释放农村发展潜力，正当其时。我国农业经营规模小，农业劳动生产率低，是导致城乡居民收入差距大的根本原因。加快农业现代化、规模化、集约化，把富余劳动力从土地上解放出来，转移到第二、三产业，同时吸引较高素质的劳动力进入现代农业，是提高农业劳动生产率的必由之路。经过改革开放三十多年的发展，加快农业现代化的条件基本具备，应不失时机地推进这一历史进程。《报告》提出了许多支持农业发展的政策措施，为社会资金投入农业现代化提供了难得机遇。近几年，一些农民工回乡创业，一些工商企业投资农业，已经取得成功，应继续鼓励支持。推进农业现代化，改革是关键。要在稳定家庭经营的基础上，支持种养大户、家庭农牧场、农民合作社、产业化龙头企业等新型经营主体发展，培养新型职业农民，推进多种形式的适度规模经营。

推进新型城镇化将释放新增城镇人口的巨大需求潜力。我国按户籍人口计算的城镇化率只有30%多，有2.7亿农民工、4.16亿人口尚未真正在城镇安家。创造条件让农民工市民化，让他们和他们的家属在城里有房住、能上学、能养老，像城里人一样享受基本公共服务，这是城镇化的难点。《报告》没有回避这些矛盾，提出用改革的办法解决难题，如抓紧实施户籍制度改革，落实放宽户口迁

移政策；对已在城镇就业和居住但尚未落户的外来人口，以居住证为载体提供基本公共服务，取消居住证收费；提升地级市、县城和中心镇产业和人口承载能力，稳妥建立城乡统一的建设用地市场，完善和拓展城乡建设用地增减挂钩试点。这不仅对4亿多农民工及其家属来说是一件大好事，而且由此带来的基础设施和房地产投资以及消费需求，将成为未来十几年我国经济发展的强大动力。

四、用好行政体制改革和国有企业改革新机遇

行政体制改革将为大众创业、万众创新提供强大支持。政府减少审批、简化企业开办手续、提高小微企业税收起征点、改善小微企业融资条件、加大对自主创新的扶持力度等改革措施，将进一步优化创业、创新环境，推动大众创业、万众创新。企业是财富的创造者，企业数量是经济发展水平的重要标志。鼓励大众创业，对中西部地区来说显得尤为重要。目前沿海地区与中西部地区的发展差距，主要体现在每单位人口拥有的企业数量上。例如，截止到2013年年底，按常住人口计算，平均每千人拥有企业的数量，浙江为10.4个，河南为2.7个，湖南为2.6个，四川为2.4个，浙江分别是河南、湖南、四川的3.85倍、4.0倍、4.3倍。各地企业数量多寡的原因主要在于创业政策环境的差异。所以，中西部地区要缩小同东部的发展差距，首先要在鼓励大众创业上狠下功夫，在打造良好的创业环境上狠下功夫。自主创新是推动产业从中低端向中高端升级的根本途径。实施创新驱动发展战略，深圳作出了表率。深圳申请国际专利的数量在全国遥遥领先，2013年占全国的48.4%，2014年占全国的48.6%。之所以如此，关键在于深圳具有

鼓励创新和技术成果工程化、产业化的良好环境。现在，民营企业已成为自主创新的主力军，申请专利数量占全国的 2/3 以上。国有企业和大学技术创新的潜力还有待通过深化改革进一步释放。各级政府、企事业单位和科研人员应形成提高自主创新能力的合力，在创新中创造新的发展机遇。

国有企业混合所有制改革将带来新的发展空间和动力。深化国有企业改革，由管资产为主向管资本为主转变，加快国有资本投资公司、运营公司试点，有利于提高国有资本运营效率。《报告》提出，有序实施国有企业混合所有制改革，鼓励和规范投资项目引入非国有资本参股。对国有企业来说，这有利于扩大国有资本的控制力和影响力，建立规范的以股份制为基础的公司制度，增强企业活力；对民营企业来说，这将带来新的投资机遇和发展空间。各类所有制经济混合发展，有利于发挥各自优势，实现生产要素优化组合，从而创造新的生产力。

把提高生产率作为新常态发展主动力

刘世锦 刘培林 何建武 *

导语： 在我国经济过去三十多年的高速增长中，生产率提高作出了重要贡献。最近几年我国生产率提高速度放缓，是成功追赶型经济体普遍经历的规律性现象，也是我国经济发展达到新水平的表现。但这也提醒我们，今后应通过全面深化改革，充分释放生产率提高潜力，使生产率提高成为新常态下经济发展的主动力。

最近，在我国经济增长速度放缓的背景下，一些学者发表的研究结果认为，生产率提高在我国以往高速发展过程中贡献很小，而且最近几年我国生产率提高速度放缓，令人担忧。与之相反，我们

* 刘世锦：国务院发展研究中心副主任、党组成员、研究员。
刘培林：国务院发展研究中心发展战略和区域经济研究部副部长、研究员。
何建武：国务院发展研究中心发展战略和区域经济研究部研究室副主任、副研究员。

通过大量数据测算发现，在我国经济过去三十多年的高速增长中，生产率提高并非贡献很小，而是作出了重要贡献；最近几年我国生产率提高速度放缓，是成功追赶型经济体普遍经历的规律性现象，是我国经济逐步接近世界技术前沿、走向成熟的标志，也是我国经济发展达到新水平的表现。但这也提醒我们，今后应通过全面深化改革，充分释放生产率提高潜力，使生产率提高成为新常态下经济发展的主动力。

一、生产率快速提高是中国经济奇迹的原因之一

生产率水平是经济发展质量的核心表现。我国以往三十多年的经济增长奇迹，要素投入持续增加是首要推动因素，同时生产率提高也发挥了至关重要的作用。测算表明，1978—2013年，我国生产率年均提高达到3.6%，对经济增长的贡献份额达到37%。一些国外学者的研究也佐证了这一结论。例如，哈佛大学帕金斯教授等的研究认为，1978—2005年，我国生产率年均提高达到3.8%，对经济增长的贡献份额高达40%。

我国生产率快速提高主要得益于技术追赶和要素跨部门流动。首先，同发达国家技术水平的巨大差距，使得我国可以更低的成本、风险和更快的速度提高技术水平。在技术追赶过程中，改革开放发挥了巨大作用。外商投资和跨国公司的引入，使我国在利用国外资本的同时也学到了先进技术和管理经验；对外开放，不仅拓展了国际市场、促进了分工深化，也提高了进口中间投入品和资本品的技术水平，使出口商品整体技术水平得到提升。其次，生产要素从低生产率的农业部门向高生产率的非农业部门（尤其是制造业）

流动，是生产率提高的一个重要源泉。研究发现，过去三十多年1/5 的劳动生产率提高来自这一结构性变化。

二、生产率提高速度放缓是经济发展达到新水平的表现

国际金融危机以来，我国的生产率年均提高速度比之前 30 年的平均水平下降了 1 个百分点以上，而且近两年出现了降幅加大的迹象。如何看待这一现象？

近年来我国生产率提高放缓，与国际上成功追赶型经济体经济发展规律相吻合，是经济发展达到一定水平的规律性现象。我们经过比较分析发现：第一，美国等处于技术前沿的发达国家，生产率提高速度比较稳定，一直保持在 1% 左右。第二，在人均 GDP 达到 10000 国际元左右的发展阶段，日韩等后发追赶国家，都出现了生产率提高由较高速度向较低速度转变现象。日本 1960—1973 年经济高速增长阶段的生产率年均提高 5.58%，随后开始大幅下滑，1973—1980 年甚至出现负增长；韩国 1980—1990 年经济高速增长阶段生产率年均提高接近 3%，之后回落至 1% 以下。数据分析表明，随着发展水平提升，成功追赶型经济体的技术水平逐步接近发达国家，生产率提高速度普遍放缓。特别是在收入水平接近高收入门槛、经济由高速增长向中速增长阶段转换时期，这一规律性表现得更加明显。其深层原因是，随着发展水平的提升，发展中国家技术上的后发优势和要素从低生产率部门向高生产率部门转移的空间都逐步缩小，技术追赶和要素转移的步伐相应放慢。我国生产率 1980—2007 年年均提高速度超过 3%，2007—2011 年下滑至 1.6% 左右，变化趋势与日韩等国基本一致。这表明，我国生产率提高速度

下滑符合成功追赶型经济体发展的一般规律，是经济由快速追赶状态转向成熟状态的标志和前奏。同时也表明，我国经济发展进入新常态，正在向形态更高级、分工更复杂、结构更合理的阶段演化。

除后发追赶和经济发展进入新常态的规律性因素之外，还有一些次要规律性因素和我国自身的特殊因素导致生产率提高放缓。前者主要是在经济下行期生产率提高速度通常较低，即生产率提高具有顺周期的特点。后者主要是前几年应对国际金融危机冲击而实施的大力度投资刺激政策，一定程度上加剧了部分领域产能过剩，导致生产率提高速度一定程度的下降。

我国近年来生产率提高放缓，与拉美一些国家的情形有着根本区别。拉美一些国家20世纪80年代陷入债务危机，经济社会发展长期停滞，生产率提高速度大幅下滑，落入"中等收入陷阱"。当时这些国家人均GDP仅达到4000国际元左右。目前我国人均GDP达到10000国际元左右，已经明显超越拉美国家落入"中等收入陷阱"时所处的阶段。因此，我国目前生产率提高放缓的特征与拉美国家不同，而与日韩等成功追赶型国家类似。更深入地看，拉美国家落入"中等收入陷阱"的原因也与我国生产率提高速度下降的原因大相径庭。长期僵化地实施进口替代发展战略是拉美国家落入"中等收入陷阱"的重要原因。进口替代降低了国内产业的创新动力，并且拉美国家国内市场空间狭小，受保护的产业难以形成规模经济，导致工业化推进缓慢，大量劳动人口长期滞留在传统经济部门，无法分享发展的成果，进而引发一系列严重社会问题。进口替代战略还导致拉美国家大量对外举债，而国内企业效益偏低，政府财政收入匮乏，最终诱发债务危机，落入"中等收入陷阱"。与拉美国家不同，我国工业化趋于完成，生产率提高放缓是经济发展达到新水平的表现。因此，不能简单地根据拉美国家落入"中等收入陷阱"时的生产率表现来推断我国发展趋势。

三、我国经济提质增效升级主要靠提高生产率

发达国家的经验表明，虽然生产率提高速度会随着收入水平接近高收入门槛而放缓，但并不是持续下滑，而是在相当长时期内保持在一定水平上，并且能够逐步接替放缓的投资增长，成为经济持续发展的主要动力。我国经济发展进入新常态，经济发展方式正从规模速度型粗放增长转向质量效率型集约增长，经济发展的关键之一就是避免生产率提高速度短期内过快下滑，并着力使之接替投资成为经济增长的主动力。为此，应把提高生产率作为引领新常态的重点，大力开辟提高生产率的新途径。

提高制造业和服务业内部资源配置效率。研究发现，过去二十多年我国制造业和服务业内部行业之间的资本产出效率差异显著大于美国等发达国家，表明我国制造业、服务业内部存在严重的资源错配，通过优化资源配置提高生产率的空间很大。资本产出效率的差异不仅表现在行业之间，还表现在不同类型的企业之间，如国有企业和非国有企业之间，出口型企业和非出口型企业之间，大中型企业和小微企业之间，东部企业和中西部企业之间。通过深化改革消除资源错配，提高资源配置效率，是提高制造业和服务业生产率的重要途径。

更加注重行业内部的优胜劣汰。通过竞争淘汰低效率的落后企业，使高效率企业得以发展壮大，是市场经济条件下经济持续增长的动力源泉。过去三十多年，随着社会主义市场经济体制的建立和

不断完善，企业进入与退出机制逐步形成。研究表明，近十多年，优胜劣汰效应对我国制造业生产率贡献率在20%以上。尽管如此，企业退出机制仍然存在不少缺陷。一些"僵尸"企业已丧失生存能力，却依靠政府或银行"输血"得以生存，使有限的社会资源被无效占用，降低了资源配置效率。完善企业竞争和退出机制，是今后提高生产率的重要途径。

继续引进和吸收新技术。经过三十多年的快速发展，我国各行业技术水平都有长足进步，有的行业和企业的技术水平接近或达到国际前沿。但从整体看，我国与世界前沿技术水平仍有较大差距。经合组织对全球价值链最新测算结果表明，我国出口包含的国内增加值比重只有67%，而美国、德国和日本分别为89%、85%和73%。这从一个方面反映了我国与发达国家之间的技术差距，也表明我国引进和吸收国外技术仍有很大空间。

高度重视原始创新。随着我国技术水平逐步接近国际前沿，原创性的技术进步显得越来越重要。只有更加重视原始创新，才能使生产率长期保持较快增长，在激烈的国际竞争中获取更多的附加价值，进而实现从制造大国到制造强国的转变。与20世纪八九十年代相比，目前全球价值链的"微笑曲线"更加凹陷，单纯制造环节的获利水平越来越低，而技术含量高的价值链两端附加价值相应提高。这表明，全球科技创新的速度越来越快，新一轮全球科技竞争更加激烈。我们不能在科技创新的大赛场上落伍，必须大力实施创新驱动发展战略，奋起直追，力争超越。

习近平同志深刻指出，从发展上看，主导国家发展命运的决定性因素是社会生产力发展和劳动生产率提高，只有不断推进科技创新，不断解放和发展社会生产力，不断提高劳动生产率，才能实现经济社会持续健康发展。尽管近年来我国生产率提高速度有所放缓，但生产率提高的空间和潜力依然可观。释放这些潜力，我国经济就能在新常态的轨道上持续发展，实现保持中高速增长和迈向中高端水平的"双目标"，进入调速不减势、量增质更优的新境界。

使创新成为发展驱动力

王 一 鸣 *

导语：当前，我国经济增长的传统动力减弱，必须加大结构性改革力度，加快实施创新驱动发展战略，改造传统引擎，打造新引擎。这就需要我们深刻认识我国经济发展动力转换的重大意义，有效应对发展动力转换面临的挑战，多措并举突出创新驱动，以主动适应和引领经济发展新常态。

我国经济发展新常态，一个重要的趋势性变化就是要素的规模驱动力减弱，经济增长将更多依靠人力资本质量和技术进步。当前，经济增长的传统动力减弱，必须加大结构性改革力度，加快实施创新驱动发展战略，改造传统引擎，打造新引擎。这就需要我们深刻认识我国经济发展动力转换的重大意义，有效应对发展动力转换面临的挑战，多措并举突出创新驱动，以主动适应和引领经济发

---

* 王一鸣：国家发展改革委副秘书长。

展新常态。

一、创新驱动是经济发展进入新常态的内在要求

我国经济发展进入新常态，从表象上看是经济增长减速换挡，但从本质上说是发展动力的转换和重塑。

过去三十多年我国经济高速发展，在很大程度上依靠资本、劳动力等生产要素大规模投入驱动，而充足的要素供给是维系要素驱动发展模式的重要前提。20世纪80年代初以来，我国劳动年龄人口增长明显快于被抚养人口，农村还有庞大的富余劳动力，劳动力供大于求，劳动力低成本优势十分明显，而人口抚养比不断下降又使储蓄水平稳定提高，为高速增长创造了条件，由此也形成了低成本生产要素驱动经济发展的模式。与此同时，长期存在的市场供给不足和短缺，为迅速扩大生产能力提供了市场支撑；能源资源和生态环境容量相对较大，为经济高速发展提供了足够空间。

随着生产要素供需形势的变化，依靠低成本生产要素驱动经济发展的动力逐步减弱。近年来，劳动年龄人口逐年减少，劳动力供大于求的形势发生变化，劳动力成本特别是农民工实际工资大幅攀升。与此相应，人口老龄化加快，人口抚养比趋于提高，储蓄率开始向下调整，投资增长趋于放缓。同时，经过三十多年的规模扩张，钢铁、水泥、建材、石化等传统制造业产能达到极限，出现严重过剩局面，环境承载能力接近上限，能源资源和生态环境对经济发展的硬约束逐步强化。

经济发展进入新常态，迫切要求将经济发展动力从要素驱动切换到创新驱动上来。这里的创新驱动是广义和综合的，核心就是提

高生产效率，包括提高劳动生产率、资本产出率和全要素生产率。要实现经济发展动力的转换和重塑，就要从追求高速增长转向追求高效增长，将提高效率和效益作为经济发展的主旋律。从这个意义上讲，新常态是从高速增长阶段向高效增长阶段跃升的过程，也是我国经济实现由大到强的过程。

二、创新驱动发展面临的挑战

当前，新一轮科技革命和产业变革风起云涌，物联网、大数据和云计算推动信息技术升级换代，新能源、生物、纳米、智能机器人等技术实现群体性突破，推动工业4.0、智能交通、分布式能源、网购、互联网金融、慕客、远程医疗、网上研发平台等新兴制造业态和服务模式广泛兴起，引发生产生活方式深刻变革，改变国际分工形态和竞争格局，这在为我国加快发展由要素驱动向创新驱动转换带来机遇的同时，也带来严峻挑战。

企业创新能力不足问题更加凸显。面对全球以制造业数字化、智能化为核心的产业变革新态势，我国企业研发能力不足问题逐步暴露出来，大多数规模以上工业企业没有研发活动，即便是有研发活动的企业，研发投入和研发水平也偏低。高度依赖低端加工组装、缺乏技术创新和品牌的产业体系越来越不适应竞争环境的变化，如不加快研发能力提升和产业技术进步，部分现有技术路线和生产能力将面临被淘汰的风险。

生产要素低成本优势趋于减弱。我国劳动力成本开始攀升，土地、矿产资源等供求关系发生变化，生产要素低成本优势减弱。而世界上其他新兴经济体和发展中国家利用相对更低的生产要素成本优势，加快发展劳动密集型和资源密集型产业，对我国低成本优势形成替代效应。这些情况表明，依靠生产要素大规模高强度投入支撑经济发展已经越来越困难，必须更多依靠技术进步和人力资本质量，使创新和人力资本投资成为经济发展新动力。

能源资源和生态环境约束持续强化。我国煤炭、铁矿石、铝土矿等资源消费规模巨大，原油、铁矿石、铜精矿和铝土矿等对外依存度居高不下。全国各地雾霾天气频繁出现，波及范围不断扩大，一些地方水体和土壤污染累积性负面效应显现。随着能源资源约束趋于强化，以及人民群众对改善生态环境的要求越来越迫切，必须依靠创新驱动提高能源资源利用效率，推动形成绿色低碳循环发展新模式。

三、多措并举突出创新驱动

近年来，我国推动经济发展由要素驱动向创新驱动转变取得积极进展，科技投入大幅增长，自主创新能力不断提升，科技进步对经济发展的驱动作用增强。2013 年研发经费支出超过 1 万亿元，占 GDP 的比重首次突破 2%，企业研发投入占比超过 70%，专利申请数量和增长速度明显提升，新一代信息技术、生物医药、高端装备制造、新能源等新兴产业迅速崛起，在经济总量中的份额不断提高，新的增长动力正在孕育壮大。这些都为迎接新一轮科技革命和产业变革、加快向创新驱动转换奠定了良好基础。我们要完成发展动力转换，就必须坚定不移推进改革创新，积极营造创新生态、培植创新土壤、释放创新活力，使创新深度融合于经济发展之中，从而主动适应和引领经济发展新常态。

加快形成创新驱动发展的体制机制。实现创新驱动发展，最根本的是破除体制机制障碍，建立有利于创新资源高效配置和创新潜能充分释放的体制环境。要营造公平竞争的市场环境，矫正生产要素和资源性产品价格扭曲，增强企业创新发展动力。更加注重知识产权保护，深入实施知识产权战略行动计划，依法打击侵权行为，切实保护发明创造。以增量带动存量改革，在物联网、大数据、云计算、新能源汽车等新兴领域组建一批新型研发机构，取得一批原创性科研成果，推动科研院所分类改革。

推进市场导向的科技创新。创新需要市场充分竞争，需要千千万万市场主体在试错中找到方向，这就要求使市场在资源配置中起决定性作用，主要靠市场发现和培育新的增长点。引导资金、人才、技术等创新要素按市场导向优化配置，引导创新资源向企业集聚，完善科研院所和高校的技术成果向企业转移机制，加大对中小企业、微型企业创新的扶持力度，促使企业加快摆脱对能源资源消耗较多的加工制造环节的过度依赖，更多地依靠研发、设计、市场开发、品牌建设和无形资产投资，满足差异化和个性化需求，推进传统制造向以研发为基础的新型制造转型。

把科技创新与产业转型升级结合起来。创新是科技成果的产业化过程，必须落实到创造新的经济增长点上，推动产业结构迈向中高端。要把发展新兴产业与科技创新结合起来，着力突破研发、设计、标准、品牌、供应链管理等关键环节，力求掌握核心技术，增加高附加值环节的比重，提高产品的知识、技术和人力资本含量。依靠科技创新加快传统重化工业现代化改造，推动劳动密集型产业向劳动、知识、技能密集相结合的方向发展，推动高新技术产业由组装为主向自主研发制造为主转变。

　　强化科技创新的人才基础。创新的根本在人才。要引进国外高质量人才和智力。更加注重加强教育和提升人力资本素质，深化教育体制改革，积极探索创新型人才培养和成长机制，造就高素质人才队伍。把发现、培养和用好人才放在优先位置，完善人才评价、流动和配置机制，形成尊重知识、尊重创新的浓厚氛围，使各类人才的创新智慧和潜能竞相迸发。

　　调动全社会创新创业的积极性。营造有利于全社会创新创业的政策制度环境，采取更有效的措施，加快政府职能转变，促进市场公平竞争，强化激励创新机制。要加快科技成果使用处置和收益管理改革，扩大股权和分红激励政策实施范围，完善科技成果转化、职务发明法律制度，使创新人才分享成果收益。要落实和完善企业研发费用加计扣除、高新技术企业扶持等普惠性政策，鼓励企业增加创新投入。

中国奇迹将在新常态下延续

赵晋平*

导语：未来一个时期，虽然中国经济潜在增长率将自然回落，经济将呈现中高速增长的新常态，但从基本面看，有利于中国经济长期持续较快发展的因素仍然较多。展望未来，中国奇迹将在新常态下延续，中国将长期成为世界经济增长的引擎。

在新常态下，中国经济继续成为世界经济增长的引擎。根据国家统计局的初步核算结果，2014年我国国内生产总值（GDP）达到63.6万亿元，同比增长7.4%。按照现价美元汇率计算，我国GDP首次跨上10万亿美元的台阶，占世界经济的比重提高到13%以上。在全球经济复苏缓慢、国内经济下行压力进一步加大的背景下，中国经济再次展现了持续平稳增长的实力，并为推动世界经济复苏作出了贡献。展望未来，中国奇迹将在新常态下延续。

---

* 赵晋平：国务院发展研究中心对外经济研究部部长、研究员。

一、从国际对比看，中国经济奇迹名不虚传

改革开放以来，中国发展的成就日趋凸显，中国因素对全球经济的影响不断扩大。根据世界银行统计，1980 年到 2013 年的 34 年中，按照不变价计算的全球 GDP 累计增长了 2.3 倍[①]；同期中国的 GDP 增长了 21.4 倍，占全球经济的比重也由 1.7% 提高到 12.3%，仅次于美国位居全球第二。在这一时期，美国和德国 GDP 占全球经济的比重都降低了 3.4 个百分点，日本下降 3.3 个百分点，法国、英国和意大利下降幅度在 1.4—2.6 个百分点之间；印度、巴西、俄罗斯等主要新兴经济体虽然有所上升，但升幅均小于 1 个百分点。

从我国的人均 GDP 来看，目前在世界上仍然属于较低水平，但与全球平均值之间的差距也在迅速缩小。根据世界银行统计计算，1980 年中国的人均 GDP 仅为 193 美元，相当于全球平均水平的 7.7%；但是到 2013 年，中国人均 GDP 增加到 6810 美元，相当于全球平均水平的 64.9%，比 34 年前大幅度提高；与美国之间的差距也由 34 年前的 65.3 倍缩小到 7.8 倍。经济增长在增强我国综合实力的同时，也为提升人民生活水平带来了实实在在的效果。

在中国迈向经济大国的进程中，制造业的持续增长发挥了重要作用。1990 年中国制造业增加值仅为 1170 亿美元，相当于全球制造业的 2.6%；2011 年中国制造业增加值达到 2.3 万亿美元，在全球的比重上升到 20.7%，成为世界第一制造业大国。目前，中国有 220 多种制造业产品产量居世界首位，工业制成品出口在全球的地

[①] 根据世界银行公布的按照 2005 年美元不变价核算数据计算。

位也显著提高。

制造业的迅速成长造就了中国的全球贸易大国地位。1980 年，中国的货物贸易额只有 380 亿美元，占全球的比重不到 1%。经过三十多年的快速增长，2013 年中国的货物贸易额达到 4.16 万亿美元的规模，占全球的比重提高到 11.04%，首次超过美国跃居全球第一。其中，出口和进口占比分别达到 11.8% 和 10.3%，成为世界第一大出口国和第二大进口国。2014 年，中国的进出口贸易以 4.30 万亿美元的规模再上新台阶。中国的服务贸易在全球的地位也在迅速提高。1983—2012 年期间，中国服务贸易出口额和进口额的复合年均增长率分别高达 15.5% 和 18.1%，远高于同期全球 8.6% 和 8% 的平均增长水平。1982 年中国的服务出口额和进口额分别只有 25 亿美元、19 亿美元，占全球的比重仅为 0.7% 和 0.5%。2013 年，中国的服务出口和进口分别达到 2105 亿美元和 3291 亿美元，占全球的比重分别提高到 4.6% 和 7.6%。2013 年中国成为世界第五大服务出口国和第二大服务进口国。

中国扮演着全球跨境投资大国的重要角色。20 世纪 80 年代初，中国吸收的外商直接投资每年不足 100 亿美元。2012 年这一数字已经超过了 1000 亿美元的规模。2013 年，在全球直接投资下降的背景下，中国吸收的外商投资保持了 5.3% 的增长速度，当年外商实际投资再创 1176 亿美元历史新高，中国居世界各国排名第二位，作为发展中国家最大投资东道国的突出地位得到进一步巩固。2014 年，我国实际吸收外资达到 1196 亿美元；按照联合国贸发会议统计，超过美国上升为全球第一。中国的对外直接投资近年来也进入了快速增长阶段，"走出去"企业持续增加，投资规模不断扩大。2003 年，中国对外直接投资仅有 29 亿美元，占全球的比重不到 1%；2012 年中国对外直接投资流量达到 842 亿美元，占全球的比重提高到 6.1%，位居世界第三。2013 年和 2014 年中国对外投资继续保持两位数增长，其中 2014 年非金融类投资规模首次超过1000 亿美元，达到 1029 亿美元新高，接近吸收外资规模，在全球跨境直接投资中的地位进一步上升。

中国开始跻身于全球金融大国的行列。本币的全球影响力是一个国家金融实力的重要组成部分。近些年来，中国积极推进人民币国际化，在区域多边与双边货币互换、本币跨境贸易结算、境外人民币离岸市场建设等方面取得了较大进展。2013 年人民币首次超过瑞典克朗和港元进入全球十大交易最频繁货币榜单，跃升为第七大交易货币，日均交易额占全球交易总量的 2.2%。另一方面，人民币在跨境贸易支付中的份额明显上升。2009 年 7 月启动跨境贸易人民币结算试点以来，使用人民币作为国际贸易支付手段的结算业务进入持续快速增长阶段，2011 年同比增长 394%，实际结算额达到 2.5 万亿元，相当于当年中国对外贸易总额的 10.5%；2012 年继续保持 41% 的快速增长率，跨境人民币结算额再创 2.94 万亿元新高，相当于当年贸易额的 12%。人民币跨境支付的接受程度也在不断提高。根据 SWIFT（环球同业银行金融电讯协会）的统计数据，接受人民币支付的国家和地区数 2012 年 6 月达到 91 个，仅1 年时间增加了 26 个；同期，接受人民币支付的金融机构数从 617家增加到 983 家。从贸易融资方面来看，作为全球贸易融资中最常见的贸易融资方式，信用证的开证币种（交易数量口径和交易金额口径）是衡量一国货币在国际贸易融资领域地位的最为重要的指标之一。截至 2014 年 5 月，人民币成为贸易融资中全球第三大信用证开证币种。

二、中国经济对世界经济增长的贡献持续上升

过去三十多年，中国经济增量占全球经济增量的比重持续上升。1980—2013 年，中国 GDP 年均增长速度达到 9.9%，对世界 GDP 增长的贡献率高达 13.9%。尤其是在 2010—2013 年即国际金融危机后的 4 年中，中国的贡献率进一步上升到 26.2%。这一时期全球经济 2.44% 的年均增幅中，0.64 个百分点来自中国，高于美国的 0.56 个百分点；日本、德国、法国、英国和意大利加在一起只占 0.27 个百分点。从中国经济增长贡献率的变化中可以看出三个重要特点：一是国际金融危机爆发后，中国经济增长对世界经济走向复苏发挥了重要作用；二是中国对世界经济增长的贡献率已经超过美国，成为全球第一；三是近年来中国经济增长速度开始逐步回落，但由于经济规模持续扩大等因素的影响，对世界经济增长的贡献率还在上升。按现价美元和世界银行统计口径计算，2013 年中国经济每增长 1 个百分点对应的增量是 924 亿美元，分别相当于 2010 年、2000 年和 1990 年的 1.3 倍、3.4 倍和 8.9 倍。换句话说，2014 年中国经济同比增长 7.4% 对应的 GDP 增量，大致相当于 2010 年基数增长 9.4%、2000 年基数增长 25.3% 的增量。

中国的经济增长改变了全球经济的"南北"格局，促使了全球经济重心"东移"。中国的经济增长提高了发展中国家在全球经济中的地位。回顾全球经济发展的历史，21 世纪以来全球经济格局正在经历与过去不同的变化。20 世纪 60 年代到 80 年代前期发达国家和发展中国家在全球经济中的比重基本保持稳定，发达国家 GDP 相当于发展中国家的 3—4 倍；20 世纪后 15 年，发达国家在全球经济中的比重上升幅度较大，由之前的低于 80% 上升到接近

85%；而21世纪以来，在发展中国家尤其是中国高速增长的推动下，这一格局的变化出现了逆转，发展中国家比重开始快速上升，由之前的18%左右上升到2012年的31.8%，中国在全球经济中的比重也由2000年的3.7%上升到2012年的11.6%。另一方面，中国的经济增长加速了全球经济的重心向东亚移动。回顾过去三十多年中国经济的增长历程，不难发现改革开放对于中国经济的长期、持续、高速的增长起着至关重要的作用。经济改革打破计划经济的禁锢，释放了生产要素的活力，提高了要素在产业和空间上的配置效率。对外开放则为中国经济的发展提供了广阔的市场和要素空间，也加速了国内的改革步伐，更为重要的是使得中国成功地抓住了迎接全球新一轮产业转移的战略机遇。全球的产业大体经历五次转移，世界制造业中心也相应发生过几次大的变动。20世纪90年代后，特别是在中国加入世界贸易组织之后，国际资本和产业很明显地向中国转移，这促成了中国制造业的不断壮大和崛起，也是中国保持长期高速增长的重要原因之一。从全球视角来看，中国经济的快速增长一方面得益于全球产业的转移，另一方面也带来了全球经济重心的转移，中国经济在全球经济中的影响日趋增强。

中国经济增长对全球控制通胀和稳定经济增长起着十分重要的作用。首先，长期廉价的中国出口有利于全球稳定价格水平。一直以来低成本优势是中国国际竞争力的重要体现。虽然近些年随着发展水平的提高、劳动力市场一体化程度的提高以及人口年龄结构的变化等，劳动力成本开始较快上涨，巴拉萨—萨缪尔森效应开始出现。但是从国际比较和过去三十多年整体来看，大量过剩的劳动力资源使得中国的劳动成本及其出口价格长期保持较低水平。随着中国出口在全球比重的不断提高，中国出口价格的较低涨幅对于全球控制通货膨胀起着越来越重要的作用。其次，中国经济增长有利于减弱全球经济的波动。过去三十多年来，稳定的社会政治环境和成功的发展战略，促进中国经济保持了持续稳定的高速增长。虽然在此期间世界经济出现过较大的波动，甚至是发生了被称为"百年一遇"的金融危机，但中国经济仍然平稳快速增长，对抑制全球经济波动、促进全球经济稳定在一定程度上起到了"稳定器"作用。而且随着中国经济在全球中的比重越来越大，这种作用将越来越明显。

除了自身增长对全球增长的贡献之外，中国进口持续增长为其他国家经济增长提供了直接动力。在中国，不断壮大的中等收入人群正在促使中国成为全球商品和服务的越来越重要的消费市场。随着中国经济的发展，人们的收入水平和生活水平也在不断提高。根据麦肯锡（2012）的研究，2010年中国的生活相对富裕的"主流"消费群体[①]已经达到1400万户，占中国城市人口的6%；而到2020年这一群体将达到1.67亿户（相当于近4亿人口）。成长如此之快的中等收入群体将成为全球消费市场的主力。这其中典型的例子有两个：其一就是iPad和iPhone手机，苹果公司CEO库克2014年年底指出，苹果公司销售额中的15%来自中国市场，其中45%的iPad和38%的iPhone销往中国，中国已超过美国成为苹果公司iPhone手机最大消费市场；其二就是国际旅游，例如，2010年中国取代英国成为马尔代夫旅游业最大的客户来源地，中国游客所占的比重由2006年的4.4%上升至2011年的21.3%，过去5年的平均

---

① 麦肯锡的消费群体划分标准："价值"消费群指家庭年均可支配收入在6000到1.6万美元（折合3.7万元到10.6万元人民币）之间的家庭；"主流"消费群指家庭年均可支配收入在1.6万到3.4万美元（折合10.6万元到22.9万元人民币）之间的家庭；家庭年均可支配收入超过3.4万美元的属于"富裕"消费者。

增速超过 50%。

从货物贸易来看，中国不断扩大的商品进口在满足国内需求的同时，对全球市场需求增长发挥了越来越重要的带动作用。根据世界银行统计，1980—2012 年，用美元计价的中国年度货物进口额累计增长了 90.5 倍，年均增长 15.2%。这一增长水平远高于同期全球进口 8.2 倍（年均 7.2%）的增长幅度。与 1980 年相比，2012 年全球商品进口增量中，中国进口增量占有 10.9%的份额，仅次于美国居全球第二位。分阶段来看，中国进口增长对全球进口增长的平均贡献率 1980—1990 年仅有 2.2%；1990—2000 年期间提高到 5.5%；2000—2010 年迅速上升到 13.3%，超过了美国；国际金融危机之后的 2010—2012 年期间，进一步提高到 13.5%，比美国进口的贡献率高出 1.6 个百分点。这说明目前中国已经成为全球国际市场需求最大的增长点，为世界各国出口增长提供了巨大市场空间。2010—2012 年期间，除中国之外的全球出口年均增长速度达到 8.8%，其中 1.5 个百分点来自中国进口增量的贡献，中国市场新增需求吸收了全球新增出口的 16.6%，比美国同期的贡献率提高了 3 个百分点。实际上在 20 世纪 80 年代、90 年代，全球新增出口大约只有 2%—6%被中国的进口所吸收，远低于美国同期20%—30%左右的贡献率。2001 年中国加入世界贸易组织加快了市场开放进程，中国的进口增长迅速成为拉动其他国家出口增长的主要力量。2000—2010 年期间，中国进口增长对其他国家出口增长的平均贡献率已经超过美国，达到 15.5%的同期全球最高水平。中国需求成为世界许多国家出口和经济增长的主要驱动力之一。

从服务贸易来看，中国服务贸易进口快速发展，服务进口规模从 1982 年的 19 亿美元，增加至 2013 年的 3291 亿美元，增加 170

多倍，占世界服务贸易进口额的 7.6%，成为拉动世界服务业发展的重要力量。2013 年中国服务贸易同比增长 14.7%，而世界服务贸易总额同比增长仅为 6.1%。其中，占服务业进口近 90% 的运输、旅游、通信、保险、金融、专有权利使用费和特许费、咨询等进口增速较快，为世界高端服务业发展作出了重要的贡献。

　　快速增长的中国企业对外投资，为全球跨境投资活动注入了新的活力。中国企业对外投资虽然起步较晚，但近年来增长迅速，已经成为全球跨境投资活动中的一支有生力量。提升国际化经营能力、扩大出口市场份额、向目标市场延伸产业链，通过并购投资获取跨国公司的品牌、技术、股权等战略性资产等，是驱动中国企业走出去投资的主要影响因素。2008 年的国际金融危机和随后的欧债危机对许多欧美国家造成巨大冲击，许多企业陷入困境甚至濒临破产关闭，客观上为具备实力的中国企业提供了重要的投资机遇。这也是近年来在国际跨境投资整体减少的背景下，中国企业对外投资和并购活动实现较快增长的重要原因之一。中国对外投资增长对拉动世界投资增长作出了贡献。根据联合国贸发会议统计计算，2005—2012 年期间，中国企业对外投资流量保持年均 31.7% 的快速增长水平，比同期世界平均水平高出 25.3 个百分点，对全球增长的贡献率达到 14.8%。也就是说，这一时期全球对外直接投资年均 6.4% 的增长中，0.9 个百分点是中国对外投资增长的贡献。尤其是 2008 年的国际金融危机爆发之后，全球跨境投资出现大幅度下降，中国的对外投资仍然保持了稳定增长态势，为危机影响下的全球跨境投资活动带来了新的活力。2008—2012 年期间，日本、德国等发达国家投资下降加剧了全球跨境投资下降趋势，全球对外直接投资流量累计下降了 30.6%；同期中国对外投资增长 50.6%，仅这一因素就使全球跨境投资少下降了 1.4 个百分点，超过美国 1 个百分点的贡献。根据中国商务部统计，2012 年中国企业在境外设立的当地公司已达 2.2 万家，遍布全球 179 个国家，其中绝大多数集中在发展中国家。这些企业对于促进当地经济和就业增长发挥了日趋重要的作用。2008 年年末，中国公司在投资东道国（地区）雇佣的当地员工为 45.5 万人。国际金融危机爆发后的几年中仍在增加，2012 年雇佣外方员工扩大到 70.9 万人，4 年中增长了 55.8%，最高时曾经达到 89 万人的规模。中国的制造业投资在提升发展中国家工业化水平和制造能力等方面也发挥了积极作用。

三、新常态下中国将长期成为世界经济增长引擎

中长期来看，保持相对较低的增速将成为全球经济的新常态。一方面，长期积累的结构性矛盾仍将是制约发达国家经济恢复的重要因素。国际金融危机以来，发达国家的结构性改革并未取得实质性进展，政府债务负担积重难返、财政赤字和失业率居高不下、金融机构去杠杆化进展迟缓、储蓄率偏低等问题仍然严重拖累经济复苏进程。尤其是发达国家普遍面临的人口老龄化和总抚养比快速提高等问题，不仅严重制约这些国家物质资本积累，也影响着人力资本提升和技术创新，劳动生产率难以出现明显上升，潜在经济增长率将长期处于较低水平。由于美欧日等发达经济体经济总量仍然占有全球近 60% 的份额，世界经济增速将因此受到拖累。另一方面，与发达经济体相比，新兴经济体维持经济长期增长的基本面较为有利，但受发达经济体经济持续疲软的影响，其他发展中国家的经济增速也将会有所趋缓。预计未来 10—20 年全球经济增长速度将低于金融危机

之前 20 年平均值，大致保持在年均 2.7% 左右的增长水平上。

未来时期，中国的潜在经济增长率将自然回落，中国经济将呈现中高速增长的新常态。导致潜在增长率回落的主要原因有以下三个方面：一是中国在基础设施、房地产和能源原材料工业等领域的投资增长空间趋于缩小；二是人口老龄化趋势加快使得传统的人口红利有所减少，劳动力成本持续上升，相对比较优势逐步减弱，出口增长渐趋缓慢；三是汽车、手机、住房等大宗消费商品和服务需求增长放慢，新的消费增长点短期内难以形成。其背后的深层次问题还包括以下几个方面：

第一，我国虽然已经成为全球第一的货物贸易大国，但是离贸易强国的地位还有很大距离，主要表现在国际分工中长期处于价值链低端，缺乏大宗商品国际市场定价权，知识、技术和人力资本密集型服务业的竞争力较弱，参与国际经贸规则制定的能力不足。

第二，工业化过程中的资源、环境制约的凸显。中国经济增长，尤其是城镇化和工业化的加快发展，需要投入大量的资源能源，包括石油、天然气、煤炭等各类燃料和铁矿石、铜、铝等矿产资源，以及宝贵的水资源。联合国环境署报告显示，1970 年，中国物质消费①总量为 17 亿吨，约占当年世界总量的 7%，排在第三位。到 2008 年，中国物质消费量达到 226 亿吨，占世界总量的 32%，成为迄今为止世界上最大的原材料消费国，几乎是排名第二的美国的四倍。但是，中国资源能源相对缺乏，人均占有量大大低于世界平均水平。耕地、淡水、森林、石油和天然气的人均占有量

---

① 这里的物质消费是指建筑用矿物、金属矿石和工业矿物、化石燃料和生物质四类物质的消费（参见联合国环境署：《中国资源效率：经济学与展望》，2013 年 7 月）。

分别约为世界平均水平的 2/5、1/3、1/4、1/10 和 1/20，在全世界约 150 个国家中排序都比较靠后。我国目前的能源和资源利用效率总体上与发达国家存在较大差距，进一步加大了资源与环境制约的压力。工农业生产以及生活污染物的排放量也大幅增加，环境污染形势严峻。根据 2010 年公布的《第一次全国污染源普查公报》，中国国内的污染源已经不限于工业污染源，农业和生活污染等其他污染源对环境破坏的影响也日益上升。

第三，中国发展的外部环境面临许多不确定性因素的影响。长期以来，中国是贸易保护主义的最大受害者。1995—2012 年期间，无论是遭受国外发起调查的反倾销案件数量、实施制裁的反倾销案件数量，还是遭受发起调查的反补贴案件数量、实施制裁的反补贴案件数量，中国持续多年位居全球首位。国际金融危机爆发后，中国遭受贸易保护主义的侵害更加明显。2008—2012 年期间，中国遭受发起调查的反倾销案件数量达到 308 起，占同期全球的比重达到 31.8%，远高于危机前 1995—2007 年期间 18.6% 的比重；中国遭受实施制裁的反倾销案件数量达到 233 起，占同期全球的比重达到 37.7%，远高于 1995—2007 年期间 24.4% 的比重。2008—2012 年期间，中国遭受发起调查的反补贴案件数量达到 49 起，占同期全球的比重达到 48.5%，高于 1995—2007 年期间的比重 42 个百分点；中国遭受实施制裁的反补贴案件数量达到 39 起，占同期全球的比重达到 67.2%，高于 1995—2007 年期间的比重 64.7 个百分点[①]。试图遏制中国发展的势力仍继续存在。中国经济的快速发展和国际经济地位的提高，改变了原有国际经济格局。一些国家担

---

① 国务院发展研究中心"世界经济趋势与格局"课题组：《国际贸易格局对中国贸易产生重大影响》，《中国经济时报》2013 年 7 月 26 日。

心中国经济力量的增长和出口竞争力的迅速上升，会冲击其国内产业，损害其已有的和未来潜在的利益。个别发达经济体还担心中国会改变由其主导的国际经济秩序，损害其主导国际经贸规则制定所获得的超额利益。因此，采取多边、双边和国内措施等来给中国的发展制造麻烦与障碍，试图在与中国经济的竞争中获得先机。例如，一些国家对于华为等中国企业的投资以及高技术产品出口，利用国家安全等理由加以阻止或者限制；对于中国企业在非洲等地的投资，则宣扬中国正在推行新殖民主义、掠夺资源等"中国威胁"论调，诋毁中国的国际形象和为世界经济发展作出的贡献，给中国发展对外经贸关系制造障碍。美国主导的跨太平洋经济伙伴协定谈判，客观上对中国区域经济合作战略造成了冲击。这一系列行动和意图，都会给中国和平发展的外部环境带来不利影响，阻碍中国在全球经济中战略地位的提高。

第四，区域合作格局大调整的竞争压力。多哈谈判长期陷入僵局，多边贸易体制日益边缘化。区域和双边自由贸易安排（FTA）已成为各国开展经济战略合作与竞争的重要手段，全球贸易投资自由化和区域合作进入新的大调整时期，我国的自贸区战略将面临更大压力。

新常态下，为了适应国际国内经济环境变化的需要、消除发展过程中存在的各种障碍和制约、形成新的增长动力，关键在于进一步深化改革和扩大开放，在于加快推进经济发展方式转变和创新驱动。党的十八大和十八届三中全会、四中全会已经就全面深化改革和依法治国作出了全面部署，随着这些重大举措的逐步落实，必将释放出更多新的发展红利。从今后的经济体制改革来看，加快行政体制改革进展；完善要素市场及其制度环境，提高资源配置效率；

推动垄断行业和国有企业改革；推动金融和财税体制改革等带来的市场活力值得期待。从扩大对外开放领域来看，加快构建开放型经济新体制，全面推进外商投资准入制度改革，建设面向全球的高水平自贸区网络。打造全方位地区开放格局、促进内陆沿边地区开放等措施将以开放促改革、促发展、促创新，形成新的动力源泉。从中国经济的基本面来看，有利于中国经济长期持续较快发展的因素仍然居多。一是中国经济转型和结构调整的成效逐步显现，服务业和绿色环保、高技术产业成为新的经济增长点。二是研发投入水平持续提升。技术创新取得积极进展，创新成果转化明显加快。三是城镇化进程提速，基础设施和商业服务需求持续扩大。四是市场化改革快速推进，贸易发展方式转变、利用外资和对外投资取得积极进展，有利于拓展增长空间和培育国际竞争新优势。五是"一带一路"战略和中国企业"走出去"将为拓展新的增长空间、培育中国跨国企业提供重要机遇。总之，中国经济在今后10—15年间仍然具备保持6%左右中高速增长的能力。

中国经济占全球的比重将不断提升，对全球经济的影响力也将持续增强。按照今后10—15年中国经济年均增长6%左右计算，假定人民币对美元汇率不变，到2020年中国经济占全球经济的比重将达到15%，到2030年将达到20%左右。如果考虑到汇率升值和相对物价上涨，这一比重可能更高。相应地，中国经济增长对世界经济增量的贡献将进一步提高，大致保持在30%左右。另外，假定中国未来人口年均增长率为5.12‰，按照6%年均经济增速测算，中国的人均GDP到2020年可超过1万美元，2033年超过2万美元（均按2013年现价美元计算），并在2025年前后超过全球人均GDP平均值。中国经济发展将跨上新台阶。

新型城镇化开启巨大发展新空间

李 程 骅 *

导语：改革开放以来，城镇化大潮为我国经济发展提供了源源不断的动力。在我国经济发展进入新常态的大背景下，新型城镇化战略蕴含的巨大机遇和持续释放出的巨大能量，对我国持续推进内需主导的经济转型升级，强化经济发展的内生动力，促进"四化"同步发展，培育消费、投资和创新集聚的新增长点，将产生重要的推动作用。

改革开放以来，城镇化大潮为我国经济发展提供了源源不断的动力。在经济发展新常态下，随着农业转移人口市民化成本分担机制、多元化可持续的城镇化投融资机制以及农村宅基地制度等方面改革取得突破，新型城镇化将开启前所未有的消费空间、投资空间和创新空间。

---

* 李程骅：南京市社会科学院副院长、研究员，南京大学兼职教授。

党的十八大确定的我国新型城镇化战略，强调要着重提高城镇化的质量，真正破除城乡二元结构，实现城乡一体化的健康发展。党的十八届三中全会通过的《中共中央关于全面深化改革若干重大问题的决定》中重申，坚持走中国特色新型城镇化道路，推进以人为核心的城镇化，推动大中小城市和小城镇协调发展、产业和城镇融合发展，促进城镇化和新农村建设协调推进。优化城市空间结构和管理格局，增强城市综合承载能力。积极稳妥扎实有序推进新型城镇化，对全面建成小康社会、加快社会主义现代化建设进程、实现中华民族伟大复兴的中国梦，具有重大现实意义和深远历史意义。在我国经济发展进入新常态的大背景下，充分认识新型城镇化战略蕴含的巨大机遇和持续释放出的巨大能量，对我国持续推进内需主导的经济转型升级，切实把推动发展的立足点转到提高质量和效益上来，强化经济增长的内生动力，促进工业化、信息化、城镇化、农业现代化同步发展，培育消费、投资和创新集聚的新增长点，将产生重要的实践指导作用。

一、新型城镇化开启经济增长新空间

在经济新常态下，经济增长速度降低，发展的立足点是提高单位空间和全要素生产率。推进新型城镇化将倒逼产业升级与城市空间转型，成为经济发展的重要引擎，也是促进我国产业升级、创新驱动的重要抓手。党的十八大后的我国经济工作指导思想，与改革开放以来我国长期追求经济高速增长的惯性思维明显不同，那就是在立足提高质量和效益的前提下，在合理增长速度的维系下，来推动经济持续健康发展，不再让速度掩盖深层的结构性矛盾和愈积愈多的社会风险。2014 年 12 月召开的中央经济工作会议明确了"经济发展新常态"的九大趋势性变化，强调我国经济正在向形态更高级、分工更复杂、结构更合理的阶段演化，经济发展进入"新常态"：经济增速正从高速增长转向中高速增长，经济发展方式正从规模速度型粗放增长转向质量效率型集约增长，经济结构正从增量扩能为主转向调整存量、做优增量并存的深度调整，经济发展动力正从传统增长点转向新的增长点。认识新常态，适应新常态，引领新常态，是当前和今后一个时期我国经济发展的大逻辑。

但是，经济发展进入新常态，并没有改变我国发展仍处于可以大有作为的重要战略机遇期的判断，改变的是重要战略机遇期的内涵和条件；没有改变我国经济发展总体向好的基本面，改变的是经济发展方式和经济结构。面向 2015 年和"十三五"期间，"三驾马车"将会更均衡地拉动增长，同时也将在新型城镇化战略的推进中，发现培育新增长点，推进新型工业化、信息化、城镇化、农业现代化同步发展，增强战略性新兴产业和服务业的支撑作用，形成高效率、低成本、可持续的经济发展态势。[①]《国家新型城镇化规划纲要（2014—2020 年)》明确指出，当今中国，城镇化与工业化、信息化和农业现代化同步发展，是现代化建设的核心内容，彼此相辅相成，但总体来看，工业化仍处于主导地位，是发展的动力。新型城镇化的"新"之要义，就是坚持以人为本，即以人的城镇化为核心，合理引导人口流动，有序推进农业转移人口市民化，稳步推进城镇基本公共服务常住人口全覆盖，不断提高人口素质，促进人的全面发展和社会公平正义，使全体居民共享现代化建设成果，从而

---

① 裴长洪、李程骅：《习近平经济思想的理论升华与实践指导意义》，《南京社会科学》2015 年第 2 期。

走出一条具有中国特色的城市与区域协同发展、城镇与乡村互动进步的现代化之路。

当代中国所走过的三十多年的快速城市化道路，主要是靠快速工业化推进的，在得益于土地和人口两大红利集中释放的同时，也带来了前所未有的资源与环境的挑战。与西方发达国家工业革命以来长达 200—300 年的城市化进程相比，当代中国的快速城市化是"压缩型"的城市化模式。这种"压缩型"的城市化模式固然提高了发展效率，但也浓缩了快速城市化所带来的诸多问题和矛盾，特别是近年来以交通拥挤、城市水患以及大气污染、生态环境恶化为突出特征的"城市病"的集中爆发，已经严重影响了中国城市化进程与城市的可持续发展。[①] 只有彻底改变传统的城市化推进方式，加快实施大中城市与区域联动的转型战略，才有可能系统地破解这些问题的病症。因此，在新一轮的城镇化进程中，我们必须以转变城市发展方式为主线，在生态文明建设的准则下实施产业体系重构、空间布局优化，服务能级提升的战略行动。

经济新常态下，我国经济增长的动力加快转变为内需，而扩大内需的最大潜力就在于城镇化。总体来看，我国当前正处在城镇化加速期。到 2013 年，虽然常住人口城镇化率为 53.7%，但户籍人口城镇化率只有 36% 左右，不仅远低于发达国家 80% 的平均水平，也低于人均收入与我国相近的发展中国家 60% 的平均水平，还有较大的发展空间。随着我国城镇化的水平持续提高，城镇人口总量和消费规模均将大幅提升，特别是重点解决好"三个一亿人"的问题，会使更多农民通过转移就业提高收入，通过转为市民享受更好

---

① 李程骅：《中国城市转型研究》，人民出版社 2013 年版，第 343 页。

的公共服务，从而使城镇消费群体不断扩大、消费结构不断升级、消费潜力不断释放，由此开启巨大的消费空间，再造保持经济健康发展的新的强大引擎。

党的十八届三中全会提出要着力解决城乡收入差距、消费不足、公共服务非均等化、土地、农民工及子女教育、医疗住房等问题，这将直接和间接地推动现代服务经济增长。从党的十八届三中全会决定确定的改革方向看，随着我国基本养老保险制度、基本医疗保险制度、住房保障和供应体系、社会养老服务产业体系的建立，将从根本上改变城乡居民对于未来的不确定感，敢于消费，追求高质量的消费将成为新趋势、新动向。农民的市民化、城镇居民住房的结构性升级，由此带来城镇的住房需求空间将会进一步打开。依据《国家新型城镇化规划纲要（2014—2020年)》设定的我国总体上实现60%的城镇化率目标，假如未来有30%的新增城镇人口买房，就可新增3000万套的住房需求，由此带来关联消费产品与服务需求的持续增长，并带来流通渠道、商业业态以及消费理念与行为的变化，将全面提升城镇化的质量，促进城乡统筹发展。[①] 与此对应，新型城镇化将充分发挥市场的决定性作用，不断向社会提供数量更多、质量更优的公共服务，有助于进一步扩大内需和促进城乡居民的服务消费。快速城镇化带来的产业发展和人口增加，在提供大量就业机会的同时，还将加快农村富余劳动力转移就业，扩大农产品消费市场，为农业规模化、产业化、标准化和农产品品牌化经营提供了新的载体和平台。

新型城镇化在全面提升城镇化率的同时，又是促进产业升级的

---

① 见《经济参考报》2014年7月23日。

重要抓手，是提高经济发展质量和效益的重要方面。新型城镇化追求的是高质量、高效益的投资，是实现城乡一体化健康发展的基础和前提。城镇化水平持续提高，会使更多农民通过转移就业提高收入，通过转化为市民享受更好的公共服务，在促使城镇消费群体不断扩大、消费结构不断升级、消费潜力不断释放的同时，也将带来城市基础设施、公共服务设施和住宅建设等巨大投资需求，开启城镇化的巨量投资空间。[①]

当今中国，城镇化与工业化、信息化和农业现代化同步发展，是现代化建设的核心内容，彼此相辅相成：工业化处于主导地位，是发展的动力；农业现代化是重要基础，是发展的根基；信息化具有后发优势，为发展注入新的活力。新型城镇化搭建的载体和平台，在系统地承载工业化和信息化发展空间，带动农业现代化加快发展等方面，发挥着不可替代的融合作用。新的"四化"同步，将开启新型城镇化的巨大的高质量的投资增长空间。一方面，新型城镇化将带动基础设施、城市配套设施建设的大提速，包括交通设施、电力、通信、燃气、自来水、污水处理和生态修复等，多个行业的建设投入极为可观。当前，我国 57 座人口百万以上的特大城市集中了 1.66 亿人，占全国城镇人口的 27%。20 万人以下的小城市与小城镇，集聚了全部城镇人口的 51%。县级单元聚集了全国新增城镇人口的 54.3%，是城镇化的重要层级，也是投资和消费的新平台、新增长点。针对即将实施的新型城镇化综合试点工作，财政部曾有一个大概的测算，在未来七年间，我国新型城镇化基础设施建设，至少需要投入 42 万亿元[②]。另一方面，统筹城乡发展，加

---

① 李程骅：《新型城镇化开启巨大发展空间》，《人民日报》2015 年 3 月 10 日。
② 参见财政部网站 2014 年 3 月 20 日刊载的财政部副部长王保安的讲话。

快 "四化" 融合，必须坚持高质量的 "人" 的城镇化，对农民变市民的过程要有直接的投入，而不仅仅是名义上的改写，这就要求城镇化必须坚持城镇发展与产业支撑、就业转移和人口集聚相统一，城乡公共资源的配置均衡化，公共服务均等化，这就需要政府引导、市场化力量介入的 "真金白银" 的直接投资。对此，国家统计局曾有测算：自 2001 年以来，城镇化每提高 1 个百分点，拉动投资增长 3.7 个百分点。可以预见，假如未来 10 年我国新增城镇人口为 4 亿人左右，按农民工市民化人均 10 万元的固定资产投资计算，将直接带来 40 万亿元的投资需求。

二、新型城镇化营造创新驱动的新机制

我国经济发展进入的新常态，不仅是经济增速的降低，即从过去服从于赶超目标的需要、追求超高速的增长，转向保持平衡稳定、提质增效的中高速增长，还是经济系统中的技术、产业不断创新，结构不断优化，居民生活质量不断提高的一种均衡状态，包括以新型城镇化为载体和推进方式的服务业发展、城市与区域的现代化进程，都将进入以质量和效益为中心的常态化诉求。如果说，党的十八届三中全会启动的全面深化改革，是规划我国产业发展尤其是服务业的改革、创新和发展的基本纲领，那么顺应经济新常态、把握产业升级与新型城镇化、城市转型的互动性，提高资源配置的效率，更要处理好政府和市场的关系，健全社会主义市场经济体制，强化创新驱动的作用，促进服务业增长率持续提高、结构优化以及主要城市加速形成具有国际竞争力的服务经济体系，从而为我国的现代化进程创造系统的动力机制。

新型城镇化进程中的人口集聚、生产方式与生活方式的变革、生活水平的提高、生产要素的优化配置、三次产业的联动、社会分工的细化、生产性服务需求的扩大等所带来的创新要素集聚和知识传播扩散，将进一步增强城市与区域的创新活力，全面开启城镇化的创新空间。新型城镇化将带来服务业的大发展和创新要素的集聚，将充分释放城市、区域与国家的创新活力。城镇化与服务业发展密切相关，服务业是就业的最大容纳器，也是创新的载体。目前我国服务业增加值占国内生产总值比重尚未达到50%[①]，与发达国家74%的平均水平相距甚远，与中等收入国家53%的平均水平也有较大差距。通过现代服务经济体系的构建，特别是通过服务业就业、公共服务产生巨大的"外溢"效应，形成"包容性增长"的机制，有利于整合国际国内的创新资源，在对接全球创新体系的过程中，持续推进城镇化的健康发展。

城镇化是我国最大的潜力，改革是最大的红利。如何让这种"潜力"和"红利"形成有机的转化和互动，让城镇化、城市发展的成果惠及所有人，是推进我国现代化进程的最大挑战。经济新常态下，政府不能再与民争利，直接作为竞争主体参与市场竞争。在推进新型城镇化的过程中，要正确处理政府和市场关系，更加尊重市场规律，坚持使市场在资源配置中起决定性作用，更好发挥政府作用，切实履行政府制定规划政策、提供公共服务和营造制度环境的重要职责。推进城镇化，必须摈弃过去大拆大建的思路，充分尊

[①] 国家统计局 2015 年 2 月 26 日发布的《中华人民共和国 2014 年国民经济和社会发展统计公报》：2014 年，第一产业增加值占国内生产总值的比重为9.2%，第二产业增加值占国内生产总值的比重为42.6%，第三产业增加值占国内生产总值的比重为48.2%。

重经济社会发展规律。要推动大中小城市和小城镇协调发展、产业和城镇融合发展，促进城镇化和新农村建设协调推进。建立多元化可持续的城镇化投融资机制，允许地方政府通过发债等多种方式拓宽城市建设融资渠道，允许社会资本通过特许经营等方式参与城市基础设施投资和运营，建立城市基础设施、住宅政策性金融机构等，这些系统性的举措，将会吸引更多的社会资本参与城镇公用设施投资运营，促进城镇化投资的持续增长和健康运转，延长服务业的产业链。

新型城镇化战略推动下的经济转型与城市转型，最根本的动力是持续的创新，创新就必须打破固化的利益格局，就必须告别对传统的路径依赖。当前，各地政府主导的城镇化推进政策，已经在制度创新、服务创新上进行了系统的安排，进一步放松或取消管制，鼓励市场竞争，破除行业垄断，已经转化为实实在在的行动。巨大的市场能量正在加快释放。2015 年 2 月发布的《国家新型城镇化综合试点总体实施方案》，将江苏、安徽两省和宁波等 62 个城市（镇）列为试点地区，鼓励试点地区从自身实际出发，在城乡发展的一体化机制体制、农业现代化体制机制、城市生态文明制度、城市社会治理体系以及新型城镇化体系和创新型城市、智慧城市建设等方面，开展形式多样、富有特色的改革探索和创新实践。伴随着试点城市在建立农业转移人口市民化成本分担机制、多元化可持续的城镇化投融资机制以及改革完善农村宅基地制度等方面的重点突破，并形成可复制、可推广的经验，未来 5 年到 10 年的新型城镇化将创造出前所未有的消费空间、投资空间和具有高质量、高附加值的创新空间。

经济新常态下，地方推进新型城镇化，走创新驱动之路，关键是要实现产业和城镇的融合发展，以产业化支持城镇化，以城镇化推动产业化。缺少产业基础支撑的城镇化，必然失去核心驱动力，也意味着巨大的社会风险，是不可持续的。新型城镇化战略的要义就是要实现产业和城镇的融合发展，以产业化支持城镇化，以城镇化推动产业化。但是，新型城镇化的产业支撑，无论是内容和形态都已经发生变化，传统的产业体系、产业集群需要升级甚至"腾笼换鸟"，只有在新的产业革命背景下来推进生产体系和产业供应链的重构，强化新产业体系及城市空间重构的动力，创造产业集群的新型生态，才能适应新型城镇化的战略新要求。尤其是要注重融入互联网思维，把产业发展的绿色化、低碳化与城镇生态文明建设的理念，与智慧城市建设、城市服务功能的提升，进行有机融合。把产业结构的转型、产业集群的重构，落实到物联网、云计算、大数据等新一代信息技术创新应用支撑的智慧城市建设上，实现与城市经济社会发展深度融合。让基于新型城镇化的产业集群，特别是高端制造、现代服务企业"按需生产"，彻底走出产能过剩的怪圈，从而培育出系统支撑新型城镇化的新动力、新生态和新的治理结构、新的空间。

在新一轮城镇化进程中，政府的产业支持政策，不应再延续工业化推进城市化的旧思路。在发展新兴产业方面，应充分体现出服务型政府的职能，引导而不包办，如制订产业复兴计划，通过税收等政策扶持新兴产业的发展，加大财政投入促进重点领域的硬件建设等，营造适合于产业结构合理化和高级化的城市创新创业环境。我国城市的转型发展主要靠现代服务业的引领，必须在准入门槛、税收政策上有大的突破，在现代服务业发展上放松管制，鼓励市场竞争，破除行业垄断。通过现代服务经济体系的构建，不仅可以提升城市能级，还能通过就业、公共服务产生巨大的"外溢"效应，形成"包容性增长"的机制，实现从"管住人"到"服务人"发展理念的转变。城市创新发展，必须在人的现代化上加大力度，一方面引进一流的专业技术与管理人才，培育中等收入群体，同时可根据自身的承载能力和发展潜力，实施人性化的户籍政策，将符合条件的农民工转为城市居民，强化所有城市人的认同感、归属感，促进"幸福城市""和谐城市"的建设。

三、新型城镇化全面提升城市与区域发展质量

从我国设定的"两个一百年"战略目标实施的阶段性进程来看，在 2020 年前后，也就是"十三五"结束之时，要实现从基本小康到全面高水平小康，并加快向基本现代化跃进。无疑，依托新型城镇化战略，以经济转型推进城市与区域发展转型，是顺应经济新常态的新趋势、新要求，如期实现我国基本现代化目标的战略选择。因此，面向"十三五"及今后更长一个时期，我国的新型城镇化战略的推进，还必须与"一带一路"战略规划的实施、重大项目的推进，实行前瞻性的呼应与互动，为"一带一路"大战略注入新的内涵，全面提升区域经济一体化的质量。

全面深化改革的顶层设计，对推进新型城镇化，促进新常态下的经济转型、城市转型以及社会文化的转型，已经起到了战略引领作用。应对新常态下的经济转型和城市转型，必须大力度推进我国经济体制的改革和城镇治理方式的变革。要站在现代服务业构建的全球价值链、世界城市体系的平台上，以打造开放型经济的新体制、新优势的战略行动入手，倒逼国内经济体制和产业政策深化改革，实践国家层面的"以开放促改革""对内对外开放相互促

进"的基本战略思路，在法治经济、贸易规则、金融政策和人才进出等"软环境"方面，加快实现与国际接轨。在明确政府与市场边界的前提下，要加快推进经济的"去行政化"，尤其是产业政策的"去地方政府化"，强化城市化进程中的法治建设。再者，要通过深化财税体制改革，为新型城镇化提供多层次的"造血"通道。要根据当前经济社会转型期的现实状况，进一步理顺中央和地方收入划分，合理划分政府间事权和支出责任，促进权力和责任、办事和花钱相统一，建立事权和支出责任相适应的制度。通过权责关系的划分，进一步调动各层级政府的动力。要针对特大城市、大城市要素集聚的特点和规律，实施对应的人口政策。顺应新常态，引领新常态，要让新型城镇化为经济转型、城市转型注入新动力，在更高的国际层面上提升城市的开放性与包容性，为实现区域现代化、国家现代化的目标，承担起时代赋予的责任与使命。基于上述考虑，深度推进新型城镇化，加快经济转型与城市转型的步伐，应遵循三个方面的路径：

首先，要树立全球视野和国际化的理念，从经济、社会、文化、政治和生态文明建设的高度，来系统推进城市发展方式的转变。新型城镇化战略应在两个层面得到实施：一是全面提升整体的城镇化率，没有城镇化的基础，就不可能有区域和国家的现代化；二是加快主要城市转型发展的步伐，构建与世界城市体系对接、具有国际影响力和竞争力的国内城市网络。因此，国家层面对于城市与区域发展的顶层设计，既要确定创新驱动、集约发展和绿色发展的战略方向，同时也要制定差别化的城市转型战略，为处在不同的发展阶段和能级水平的城市提供对应的国际、国内标杆，以整体提升中国城市的转型效率。当前中国区域发展的非均衡格局，已形成了国家级中心城市、区域中心城市、地区性城市等多种层级，这些城市由于政治地位、经济发展水平、综合实力和服务能级的差别，城市的发展定位不同，也就不可能选择同一种实施的路径。但是，在经济新常态下，围绕转变经济增长方式和城市发展方式的根本性要求，国内城市必须放弃过去追求经济增长速度的发展定式，从原来粗放式、低效率的发展模式，彻底转变成低消耗、低排放和高质量的发展模式，探索适合自身的从投资驱动到创新驱动、从被动追随到主动引领的战略转型路径。

从中国城市化进程的阶段性特点来看，2010年的城镇化率超过50%之后，进入了城市化的加速期，这将为已经启动的城市转型提供更大的运作空间，也有利于在这个快速的发展阶段中进行结构调整、产业升级和功能提升。如果按照西方发达国家城镇化人口每25年左右翻一番的规律，中国在2038年前后的城市化水平至少要达到85%左右。快速城镇化产生的投资拉动和消费增长，所带来的"内需型"市场，可以为城市转型发展、聚集高端要素提供巨大的想象空间。已经到来的"第三次工业革命"，使我国在推进新型城镇化过程中，可以用更广阔的国际视野，顺应世界科技产业变革的新趋势，加快发展战略性新兴产业和现代服务业，抢占国际服务贸易的竞争制高点。特别是"一带一路"、京津冀协同发展、长江经济带等国家战略的推进，会加速提升国际金融、现代物流等高端服务业的结构优化，强化城市、区域间的协同效应，构建基于国家利益的新型价值链，全面提升我国生产型服务业和装备制造业的水平。

其次，科学把握新产业体系的空间布局特征，加快建立绿色发展维系的生态化的城镇产业空间新秩序。中国成为世界第二大经济体后，在世界经济版图中地位更加突出，中国经济对全球经济的贡献度、影响力和话语权，必然将更多体现在城市这一竞争主体上，国内的一批城市将成为全球城市体系中的节点或制高点。城市的转型发展要抓好这个战略机遇期，通过产业结构调整、构建服务经济主导的现代经济体系，就比较容易地参与国际新兴产业分工，提升在国际产业价值链的地位，并让城市转型和产业升级、新产业体系的建立形成良性的互动。与此对应，新技术革命带来了产业空间与城市空间的高度融合，移动互联网催发了新产业组织形式的更大变化，基于生态文明准则的绿色发展、低碳发展理念已经渗入到了产业升级与新产业体系的建构行动中，并正在重构城市空间的新秩序。我国在进入城市群、大都市圈一体化发展的新阶段之后，培育和发展创新型、服务型经济，要根据新产业体系的空间布局特征，让附加值高、有创新带动性的产业和企业占据城市中心或节点位置，成为知识创新、技术创新和商业模式创新的高地，以充分发挥对城市和区域空间的创新溢出效应。在一个有机的城市体系中，大城市的空间主要以承载服务业为主，聚集新公司和高附加值的企业，卫星城和小城市则重点发展专业化产业。即使在一个城市中，先进制造业和现代服务业，因对配套服务要求差别大，也必须进行空间的分隔。这样可以有效避免城市空间与产业空间的无谓浪费，促进城市空间的集约化发展，并在中心与外围的分工和合作中放大创新型经济和城市创新体系的辐射范围①。同时，可以根据城市空间价值提升的规律，把发展绿色环保产业与城市空间的功能修复进行有机结合，运用系统的规划和投入机制，通过大力发展绿色经济，来建设绿色城市、低碳城市，建立绿色发展维系的生态化的城

---

① 李程骅：《科学发展观指导下的新型城镇化战略》，《求是》2012 年第 14 期。

市空间新秩序。

再者，强化区域协调发展、均衡发展和城乡统筹发展等战略导向，促进大城市、中等城市、小城市和小城镇构成错落有致的协同发展体系。

中国当前的城市与区域发展，是在国家转变经济发展方式的动员令下，在新型城镇化战略指导下来整体推进的，政府主导的作用仍然很大，如何发挥要素市场的功能是一个新的挑战。各城市在转型发展的过程中，固然存在着争先进位的竞争，但在一个大的行政区或都市区内，也完全可以实行协同发展、分工合作，提升转型的效率和速度。从这个角度来看，中国城市的转型发展，一方面要保持较高的"外向性"，在全球生产网络和城市网络中要保持一定的地位；另一方面可在"内向性"的发展上进行制度性的创新，立足所在区域获取更多的高端资源，进行产业体系的优化和空间结构的重组。因此，在城市转型的战略行动中，大城市、特大城市要在应对全球城市体系重组的过程中，着重发挥创新驱动、绿色发展的带动作用，快速形成高附加值的服务经济体系；中小城市更多要解决的是产业结构调整、产业体系的可持续运行问题。尤其要强调的是，我国的新型城镇化战略必须继续实施大城市带动战略，只不过这种带动不再是传统产业的低水平转移、城市空间发展的"摊大饼"，而是通过创新驱动、转型发展，实现功能升级，在都市圈、城市群和区域发展中发挥创新中心、服务中心、信息中心的带动与辐射作用，形成产业、金融、交通和高端就业等构成的有机的网络化体系，从而形成集中型的均衡、协同发展，进而促进大中城市和小城镇的资源共享和要素流动，破解大城市因为优质公共资源过度集中而加剧的"城市病"。

新经济增长点在孕育兴起

王忠宏　来有为[*]

导语：当前，我国经济增长进入新常态，在传统经济增长点发展趋缓的同时，一批新经济增长点正在孕育兴起，显现广阔的发展前景，可望成为促进我国经济稳定增长的重要力量，有力地推动经济提质增效升级。

当前，我国经济增长进入新常态，处于经济增长阶段转换的关键时期，经济增长速度、结构和动力正在发生重大调整。在传统经济增长点发展趋缓的同时，一批新经济增长点正在孕育兴起，显现出广阔的发展前景，可望成为促进我国经济稳定增长的重要力量，有力地推动经济提质增效升级。

一、消费结构升级孕育新经济增长点

消费需求是新经济增长点形成的直接动力。随着城乡居民可支

---

* 王忠宏：国务院发展研究中心产业经济研究部处长，研究员。
来有为：国务院发展研究中心办公厅副主任，研究员。

配收入水平的不断提高，人们的消费需求结构会逐渐发生变化，一般而言，在低层次需求满足后会追求高层次需求，在基本物质需求满足后会追求精神文化需求，在大众化需求满足后会追求个性化需求。从世界各国的发展规律看，消费需求沿着"衣食——耐用品——住行——服务"的路径升级，引导新经济增长点的涌现和更替。

美国经济学家罗斯托结合人类需求变化，把经济增长分为起飞前的准备阶段、起飞阶段、成熟阶段、高额群众消费阶段和追求生活质量阶段等阶段，并认为各个阶段都存在着推动经济增长的主导产业。在起飞前的准备阶段，主导产业主要是食品、饮料、烟草、水泥、建材等与人们的最基本生存需求"吃"和"住"相对应的产业部门。起飞阶段的主导产业体系，以纺织行业为主，由吃转向穿，但仍属于温饱阶段。成熟阶段的主导产业体系从劳动密集型的纺织服装行业转向以资本密集的重工业和制造业为主的综合体系，如钢铁、电力、通用机械、化工等。高额群众消费阶段，主导产业体系由资本密集型产业向资本与技术密集型产业转换，其代表是汽车工业综合体系。追求生活质量阶段，人们对休闲、旅游、教育等方面的需求增加，推动经济增长的主导产业体系转向以服务业为载体的信息经济和知识经济。

改革开放以来，我国城乡居民消费从生存型向发展享受型升级，居民消费需求经历了20世纪80年代以衣食为主，到20世纪90年代以耐用品为主，21世纪初以住行为主，近年来以服务为主的升级路径。目前我国城乡居民消费需求正处于从住行消费向服务消费升级的转换期，预计未来食品、衣着等生存型支出比重将大幅下降，家庭设备、交通通信等耐用品支出比重将趋于稳定，教育文化娱乐、医疗保健等发展享受型、服务类支出比重将不断上升。当前正在发生的居民消费结构升级，将从四个方面推动新经济增长点的形成。

一是消费者对产品的质量、工艺、性能变得更加"挑剔"，对品牌产品的需求日益增加。过去我们处于生存型消费阶段，许多基本产品供给不足，满足消费者的基本需求是当时的主要特点，这也是过去我们产品产量不断扩大但产品质量问题突出的一个重要的阶段性因素。发达国家也曾经历过这个阶段，"德国造""日本造"也曾经是产品质量不高的代名词。随着收入水平的提高，消费者在满足了基本需求的基础上，消费会变得越来越成熟和挑剔，对产品质量、工艺和性能等方面的要求越来越高。正像美国竞争力研究专家迈克尔·波特在《国家竞争力》一书中提出的：一国的产品是否有竞争力，消费者素质是关键因素之一，消费者越挑剔，促使其产品质量越高，越容易在全世界占有更大的市场份额。2014 年我国人均 GDP 达到 7575 美元，根据世界银行的标准，我国已进入中高收入国家行列。中国有越来越多的人群进入中产阶层，有关机构统计，目前中国中产阶层人数达到了 3 亿人，并且还在不断增加。在国内不少产品质量受到质疑的情况下，国外信誉好的产品成为国内消费者的购买热点。权威市场调查机构 GFK 发布的《2014 中国高端旅行市场报告》显示，89%的中国高端旅行者会在境外购买奢侈品。随着中国国内产品质量、工艺和性能的持续改善，中国品牌知名度和美誉度的显著提升，将会推动形成一批新的经济增长点。

二是人们更加追求精神文化消费和高质量服务，推动服务业的快速发展。随着消费成为拉动我国经济增长的主要力量，文化、娱乐、旅游、教育、培训、健康、养老、家政、休闲、快递、电子商务、信息服务、服务外包等服务需求明显上升。近年来，在稳增长、调结构、促改革等政策措施的引导下，我国经济增长的动力格局发生了很大的变化，服务业的带动和支撑作用明显增强，服务业在国民经济中所占比重呈上升趋势。2014 年，我国服务业增速比第二产业快 0.8 个百分点，服务业增加值占 GDP 比重连续两年超过第二产业，服务业尤其是现代服务业和生产性服务业的发展明显加快。我国文化产业多年保持两位数的增长速度，2013 年文化产业增加值达到 21351 亿元，是 2004 年增加值的 4.8 倍，占我国 GDP 的 3.63%。我国城乡居民文化消费的潜力将不断释放，文化产业在我国国民经济中的作用和比重将显著提升，成为稳定的经济增长点。我国电子商务发展迅猛。2014 年，我国电子商务市场交易规模达到 12.3 万亿元，同比增长 21%；网上零售额达到 27898 亿元，比上年增长 49.7%，其中限额以上单位网上零售额 4400 亿元，增长 56.2%。网络购物交易额大致相当于 2014 年我国社会消费品零售总额的 10.7%，年度线上渗透率首次突破 10%。网络零售的持续高速增长不仅创造了"双十一"等新的消费时点，还带动了快递、导购服务、数据分析、电子商务代运营服务、第三方支付、网店装修、网络模特等新兴服务业态的发展。中国互联网络信息中心（CNNIC）发布的第 35 次《中国互联网络发展状况统计报告》显示，截至 2014 年 12 月，我国手机网民规模达 5.57 亿人，较 2013 年年底增加 5672 万人；包括手机网购、手机支付和手机银行等在内的移动商务应用增势迅猛，用户年增长率分别达到了 63.5%、73.2% 和 69.2%。我国传统电子商务交易平台企业纷纷依托物联网、云计算等新一代信息技术向移动电子商务转型。我国电子商务发展空间大，今后仍将保持快速增长态势，在促进发展方式转变、扩大内需、增加就业等方面将发挥越来越重要的作用。我国快递业保持快速增长态势，2014年，全国快递服务企业业务量累计完成139.6亿件，同比增长51.9%；业务收入累计完成2045.4亿元，同比增长41.9%。

近年来我国餐饮、住宿、旅游等生活性服务业适应新的发展环境，积极调整转型，逐步走出低谷，增长质量迈上了新台阶。以餐饮业为例，餐饮消费回归理性，经济实惠、方便快捷的大众化餐饮需求旺盛，特别是一些有品牌、有特色的中档餐饮得到消费者的欢迎。目前，我国大众化餐饮已占餐饮市场的80%。随着城乡居民生活节奏加快以及消费观念的改变，大众化餐饮具有广阔的市场空间。我国旅游产业发展潜力巨大。2014年，国内游客共计36.1亿人次，比上年增长10.7%，实现国内旅游收入30312亿元，增长15.4%；国际旅游外汇收入569亿美元，增长10.2%。国务院发布的《关于促进旅游业改革发展的若干意见》提出，到2020年，境内旅游总消费额达到5.5万亿元，旅游业增加值占GDP的比重超过5%。

三是个性化需求、体验性需求上升，引发制造方式、物流方式、服务方式变革。过去，我国制造企业为赢得市场，通过大规模标准化的方式批量生产、全球分销。随着消费者个性化、多样化需求的增加，大规模生产、大规模加工贸易的模式面临新的挑战。我国企业必须顺应市场需求变化，充分发挥数字化、网络化、智能化制造在提高生产效率和产品质量、更快更好满足个性化需求等方面的优势，推动制造方式、物流方式和服务方式变革，进而催生新的经济增长点。

四是我国消费需求存在明显的地区和城乡差异，不同层次需求并存，这有利于形成多个新增长点。我国人口众多，地域广阔，发展水平不平衡。2014 年我国城乡居民人均可支配收入相差 2.75 倍，城镇居民收入最高省份与最低省份相差 2.23 倍。这意味着我国居民消费需求具有多层次、广覆盖的特点，具有消费需求叠加效应，形成新增长点的空间比较大。

二、技术进步及其应用孕育新经济增长点

技术创新是经济增长的重要推动力量。技术创新所处阶段不同，其经济增长具有不同的特征（见表1）。在过去两百多年的时间里，全球经历了五次技术革命。第一次是 18 世纪后期起，机器厂房代替了手工作坊，以纺织业中机器的发明和应用为重要标志。第二次是 19 世纪初，全球进入到蒸汽、钢铁和铁路的时代，以蒸汽机的发明和利用为重要标志。第三次是从 19 世纪 70 年代起，世界进入到电气及重工业时代，电力和电器、重型机械、化工业兴起。第四次是 20 世纪初期，当福特 T 型汽车出现之后，全球进入到汽车、石油、石油化工以及大规模生产的时代，以内燃机及其应用的发展为重要标志。目前，我们处在第五次技术革命时期，它始于 20 世纪 70 年代，当时英特尔推出微处理器，标志着信息技术革命时代的来临。以信息及通信技术为重要标志的技术革命经过了 30 年的发展，在 2000 年互联网泡沫破灭和 2008 年国际金融危机后，进入到广泛和深度应用阶段，催生了大量新技术、新产业、新业态、新模式，同时，也将孕育新一轮技术革命。

表 1 技术创新与经济增长

技术革命标志	前二三十年形成的 新兴产业	危 机	后二三十年 孕育的新技术
机器工业 （18 世纪后期起）	纺织业	18 世纪末期 经济危机	蒸汽机
蒸汽动力 （19 世纪 20 年代起）	采矿冶金、 机械制造	1847 年经济 危机	电力
电气及重型机械 （19 世纪 70 年代起）	电力和电器、重型机械、 化工业	19 世纪末期 经济危机	内燃机
福特式大规模生产 （20 世纪初开始）	飞机和汽车制造业、家 电制造业	20 世纪 30 年代大萧条	计算机
信息及通信技术 （20 世纪 70 年代之后）	信息技术产品制造业、 互联网产业	2008 年金融 危机	生物、新材料、 新能源技术

资料来源：根据佩雷斯等"长波理论"学者观点和中科院"创新 2050"整理。

近年来，全球技术创新渐趋活跃，新一轮产业革命正在加快孕育兴起。其主要特点是：伴随着信息网络与材料、机械、生物、能源等技术的创新发展，以信息网络世界与实体世界深度融合、信息网络技术广泛渗透和深度应用为主线，众多新技术的多点突破和融合互动推动了新兴产业的群体兴起和传统产业的改造升级，引发人类生产、消费、组织、管理方式和竞争格局的革命性变化。

技术创新推动新兴产业群体兴起。麦肯锡咨询公司 2013 年 5 月发布的报告认为，对 2025 年全球经济产生重大影响的颠覆性技术有移动互联网、知识工作自动化、物联网、云计算、先进机器人、无人驾驶汽车、下一代基因组学、能源存储、3D 打印、新材料、先进油气勘探和开采技术、可再生能源等 12 项。根据麦肯锡咨询公司粗略的评估，这些颠覆性技术有望对全球经济产生 14 万亿—33 万亿美元的影响。图 1 所示是麦肯锡咨询公司列举的颠覆性技术及其潜在的经济影响程度（含消费者盈余在内，即消费者并未支付的因创新而获得的价值）。

至 2025 年的预估潜在经济影响上下限（万亿美元，年度）

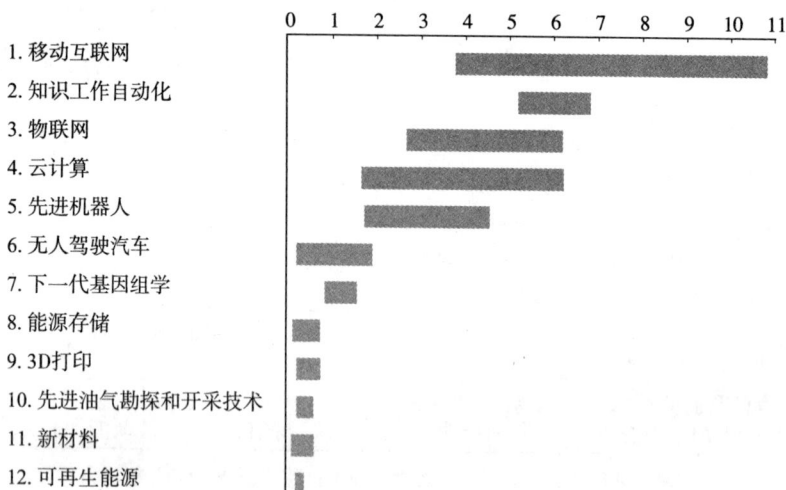

图 1　12 项颠覆性技术及其潜在的经济影响程度

　　信息技术持续创新和深度应用将引发新一轮信息产业快速发展，并催生许多新模式、新业态、新产业。弗雷斯特研究机构预计，到 2020 年全球云计算市场价值将达 2410 亿美元。美国国家情报委员会预测，到 2030 年，3D 打印有可能改变全球的工作模式。

　　现代生物技术步入产业化加速发展阶段，以基因工程、干细胞、生物育种等为标志的生物产业技术体系正在形成。经济合作与发展组织预测，到 2030 年，生物技术对化工和其他工业产品领域的贡献将达到 35%，对药品和诊断产品领域的贡献将达到 80%，对农业领域的贡献将达到 50%。

　　新能源、节能环保产业处于高速成长期。2010 年全球环保产业市场规模已经达到 7760 亿美元。新能源汽车产业虽然处于起步阶段，但已被视为未来发展方向。

　　新材料产业蓬勃发展。据美国国家科学技术理事会纳米分会预测，未来 10—15 年全球纳米相关产品市场将超过 1.3 万亿美元。

技术创新推动传统产业转型升级。在未来数年里，新一轮技术变革对产业的影响，不仅体现在方兴未艾的信息、新能源、新材料、生物基因工程等新兴产业上，也将充分体现在传统产业的改造升级领域。

在传统制造业中，运用数字化、智能化制造技术，可以实现个性化定制与规模经济的有机结合，减少工人数量，提高自动化程度，降低能源消耗和环境污染，进一步提升制造业的竞争力。2013年年初，德国经济和技术部提出"工业4.0"计划（见图2）。他们认为，第一次工业革命是蒸汽机引发，第二次是电气化引发，第三次是IT技术引发，第四次的特征是网络世界和物理世界的融合（Cyber Physical System，简称"CPS"）。德国要积极参与"工业4.0"计划，重点围绕智慧工厂和智能生产两大方向，巩固和提升其制造业的领先优势。德国经济部为此设立了专项资金，支持该计划的实施。

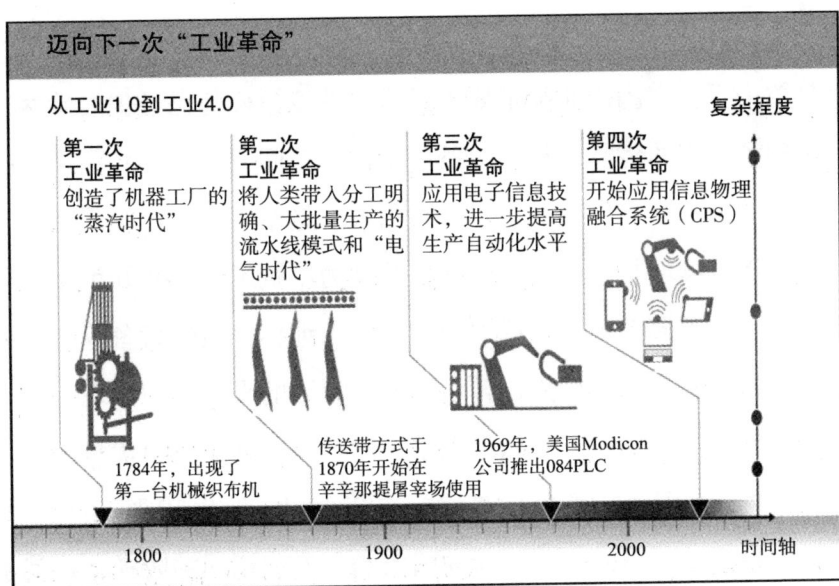

图2 德国"工业4.0"计划

资料来源：西门子公司：《制造业的未来》，2014年。

麦肯锡全球研究院 2014 年 7 月发布的《中国的数字化转型：互联网对生产力与增长的影响的报告》认为，一场数字革命正在中国风起云涌，互联网不仅可以成为未来几年中国经济的新引擎之一，更加重要的是，它还将改变经济增长的模式。考虑到互联网的发展速度和各行业的运用程度，预计 2013—2025 年，互联网将帮助中国提升 GDP 增长率 0.3—1.0 个百分点。这就意味着，在这十几年中，互联网在中国 GDP 增长中的贡献率有望达到 7%—22%。

三、竞争优势转换孕育新经济增长点

改革开放之初，我国依托劳动力、土地、自然资源等要素比较优势，积极承接国际产业转移，实现了经济快速增长。但随着适龄劳动人口比重下降（见图 3）、劳动力成本快速上升、资源环境约束日益增强，中国产业基于要素低成本的竞争优势已经丧失殆尽甚至出现了一定的劣势，从供给条件和需求空间看，支撑我国经济高速增长的因素正在发生变化，潜在增长率趋于下降。经验表明，要实现经济持续增长，应沿着土地、劳动力、资本、技术知识实现要素升级，逐渐摒弃建立在低端劳动力、土地、一般性设备等初级要素禀赋基础上的比较优势，转而培育高素质的人力资源、现代化的基础设施等高级要素。正如迈克尔·波特在《国家竞争优势》一书中提出的：当国家把竞争优势建立在初级和一般生产要素之上时，它通常是浮动不稳的，一旦新的国家踏上发展相同的阶梯，也就是该国竞争优势结束之时。

我国要在新时期实现经济持续健康发展，应在不断深化经济体

(单位：万人)   (单位：%)

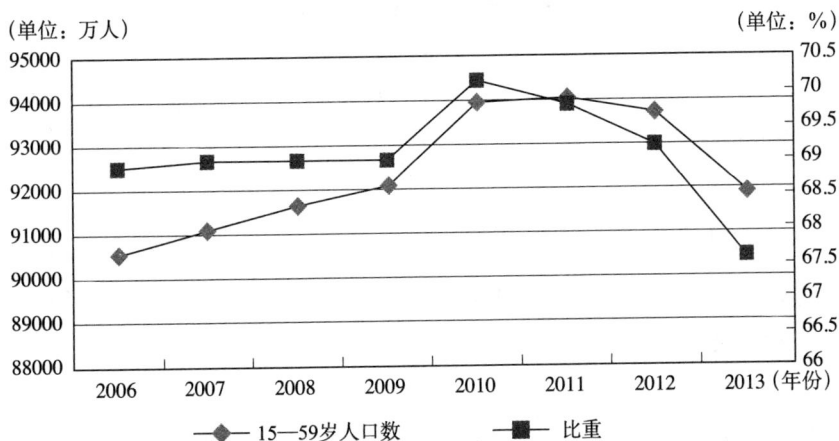

图 3　2006—2013 年我国劳动力人口绝对量和比重变化

资料来源：根据国家统计局历年《中国统计年鉴》数据计算得出。

制改革的同时，实现竞争优势转换战略，使经济增长更多地建立在人力资本、知识资本、技术进步等复杂和高级要素上。经济合作与发展组织（OECD）曾经提出新要素增长理论，即强调知识资本是经济增长的新要素。所谓知识资本，可以被分作三大类：一是可计算信息，包括软件和数据库；二是创新产权，包括专利、版权、设计、商标等；三是经济竞争力，包括品牌资产、公司特有的人力资本、连接个体和机构的网络、存在于组织内部的并且可以提高效率的技术诀窍，以及广告和市场方面的一些因素等。

　　研究表明，美国 1995—2007 年间劳动生产率的提高中有 27% 来自于对知识资本的商业投资，欧洲平均劳动生产率的提高中有 20%—25% 来自于对知识资本的投资。2013 年美国将研发支出等知识资产纳入 GDP 统计，GDP 的规模扩大了 3%。目前，我国知识资本投资比重显著低于美国、英国、日本等国家，在版权和授权、品牌资产、企业特有人力资本等方面的知识资本投资则明显偏低（见表2）。

表2 2006年知识资本投资占部分国家GDP的比重

(单位: %)

	英 国	美 国	日 本	中 国
可计算化信息	1.42	1.24	2.02	1.88
创新知识产权	2.90	4.07	5.51	3.38
R&D (包括人文社科类)	0.98	1.69	2.57	1.02
矿藏勘探	0.04	0.78	0.00	0.21
版权和授权	0.30	0.55	1.01	0.08
金融业研发成本	0.06	0.55	1.84	0.47
新建筑和新工程的设计	1.60	0.50	0.00	1.62
经济竞争力	5.36	5.04	2.66	1.80
品牌资产	1.06	1.35	1.10	0.38
企业特有人力资本	2.33	1.05	0.46	0.29
组织资本	1.96	2.64	1.10	1.13
合 计	9.67	10.35	10.19	7.06

资料来源: 冯飞等著:《第三次工业革命》,中国发展出版社2014年版,第136页。

实现竞争优势转换,我国人力资本投入将明显增加,技能型人才需求量将上升,机器替代人工进程将加快,智能制造将加快兴起,品牌、专利、研发、设计、科技、信息网络、软件、数据库等知识资本在经济增长中将发挥更大作用,这些方面都蕴含着新经济增长点。具体来看:

从全社会研发看,改革开放以来我国研发投入(R&D)持续快速增长,2013年研发投入达到11846亿元,占GDP的比重为2.08%(见图4),研发投入上升到世界第二位。2014年,我国研发投入为13312亿元,比上年增长12.4%,占GDP的比重增至2.09%。根据国家规划,到2020年,我国研发投入占GDP的比重将达到2.5%,研发投入可望超过2万亿元,仍有较大幅度的增长。

（单位：%）

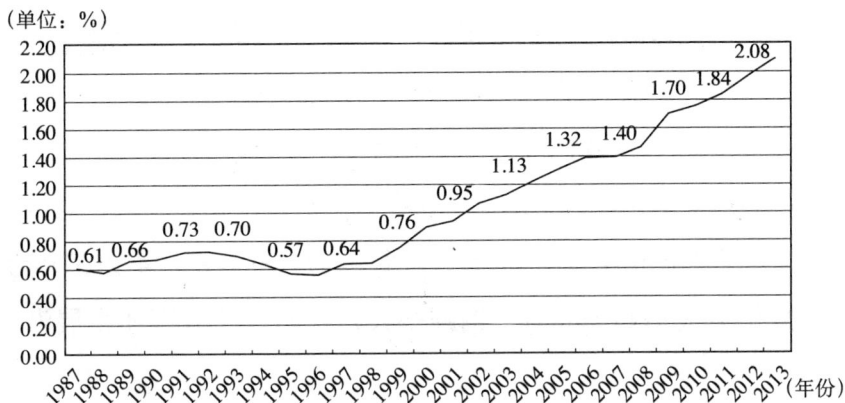

图4　1987—2013年我国研发投入占GDP的比重

资料来源：根据历年《中国科技统计年鉴》和《全国科技经费投入统计公报》数据计算得出。

从智能制造看，我国还有较大的应用空间。德勤公司发布的2013年中国智能制造与应用企业调查数据显示，49%的中国企业没有使用智能设备。智能应用的动力来自中国企业日益强烈的提高生产效率、提升产品质量以及优化企业运营的愿望，虽然面临诸多挑战（见图5），但智能化是全球制造业发展的趋势，中国也不例外。

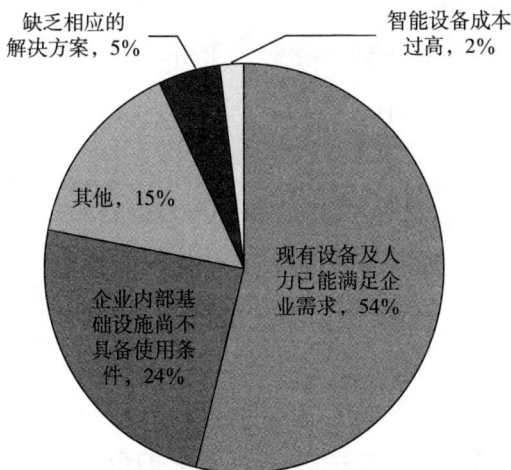

图5　受访中国企业未使用智能设备的原因

资料来源：德勤公司2013年中国智能制造与应用企业调查。

再以工业机器人为例，随着劳动力成本快速上升，我国机器替代人工的进程明显加快。我国工业机器人市场近年来保持了高速增长态势，2013年我国已经成为全球最大的工业机器人市场。但与制造业的规模相比，我国工业机器人的运用率仍然较低，我国万人工业机器人使用量仅有23台，而德国为267台，日本为339台，韩国数量最大达到396台，差距很大，我国机器人产业发展潜力巨大。

四、产业链升级孕育新经济增长点

改革开放以来，我国充分发挥后发优势，以及要素成本低廉、工业体系比较完整等方面的优势，积极拓展国际市场，在国际市场上赢得了大量加工贸易订单，逐步发展成为全球加工制造中心，货物贸易在全球所占份额由改革开放之初的不足1%上升到2013年的11%，成为全球第一货物出口大国。2010年我国制造业占全球制造业增加值的比重达到19.8%，上升到世界第一位。2014年我国吸收外资规模达到1196亿美元，同比增长1.7%，外资流入量首次超过美国成为全球第一。不过，我国大多数产业处于全球价值链的低端环节，附加价值偏低，"中国制造"在不少领域仍是低端廉价产品的代名词，许多领域的核心技术、关键设备还主要依赖于进口。目前，我国的芯片80%依靠进口，2013年集成电路进口额为2322亿美元，继续成为超过石油的单项进口额最高的商品。在医疗器械领域，根据《2013年度中国医疗设备售后服务调查》，通用电气、飞利浦、西门子三家企业在我国超声影像类设备市场的占有率依次为30.4%、28.5%和11.5%，这三家企业在中国超声影像类设备市场的份额合计达到 70%。我国机器人产业也深受伺服电机、控制器、减速器三大关键设备的困扰。2012 年，国外机器人企业销售的机器人占中国机器人销售市场的 90% 以上，国际上的机器人"四大家族企业"安川、发那科、ABB、库卡合计占中国市场份额的 53%（见图 6）。

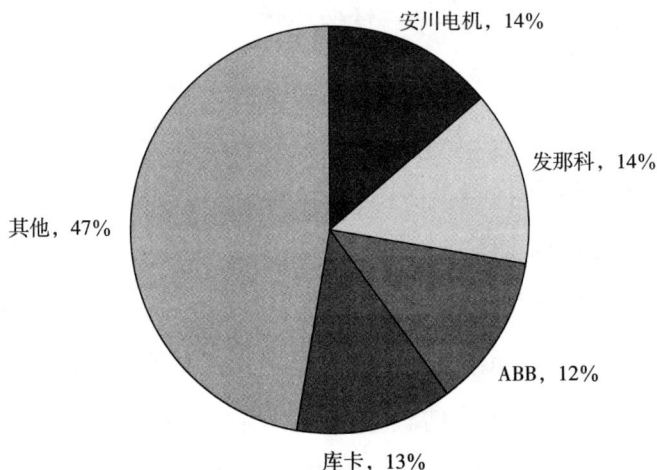

图6 2012年工业机器人"四大家族企业"在中国的市场份额

资料来源：IFR，国联证券研究所。

为实现产业发展从全球产业链中低端迈向中高端的目标，我国近年来加大了关键技术、产品的研发与应用推广力度，部分领域取得了重要突破。2014 年华为全球销售收入超过 2800 亿元，蝉联世界最大的电信设备商，研发投入超过 400 亿元，上榜汤森路透"2014 年全球百强创新机构"，在 Interbrand"Top100"全球最具价值品牌中位列第 94 名，成为首次上榜的中国品牌。2014 年全球互联网公司市值前 20 强排名中，中国占到 6 席，阿里巴巴、腾讯、百度、京东都跻身前 10 强。阿里巴巴是世界上第一家年交易额破1 万亿美元的电子商务企业。华大基因已建成具有世界一流水平的产学研队伍，其基因测序能力奠定了中国基因组科学在国际上的领先地位。可以预见，未来会有越来越多的中国企业和产业跻身世界先进水平。

近年来，新一代信息技术步入加速成长期，传统信息技术产业不断与新技术、新业务形态、新商业模式互动融合，带动产业格局的深刻变革。伴随着大数据、移动互联、云计算等信息技术的应用推广，我国信息技术服务业向服务化、网络化及平台化模式发展，产业规模持续扩大，集聚效应日益明显，企业创新能力和国际竞争力不断提升，成为我国重要的经济增长点。2014 年，我国信息技术服务业实现收入 19453 亿元，同比增长 21.5%。其中，信息系统集成服务实现收入 7679 亿元，同比增长 18.2%；信息技术咨询服务实现收入 3841 亿元，同比增长 22.5%；数据处理和存储服务实现收入 6834 亿元，同比增长 22.1%；集成电路设计行业实现收入 1099 亿元，同比增长 18.6%。集成电路设计成为我国半导体产业链中增速最快的领域，本土集成电路设计企业保持了良好的发展态势。例如，华为海思半导体有限公司的业务包括消费电子、通信、光器件等领域的芯片及解决方案，成功应用在全球 100 多个国家和地区。华为海思 2013 年的销售额达到 13.55 亿美元，成长为一家具有国际竞争力的集成电路设计企业。展讯通信有限公司以手机芯片设计为主营业务，2013 年的销售额为 10.7 亿美元，同比增长 48%。展讯已发展成为世界第三大手机基带芯片供应商。

与此同时，我国出口结构不断优化，高技术产品出口比重提高，轨道交通、工程机械、发电以及一些重化工产业逐步"走出去"，一些企业国际化经营取得明显进展。截至 2014 年年底，我国高速铁路运营里程达 1.6 万公里，占世界的 60% 以上，成为世界上高速铁路投产运营里程最长的国家。目前，中国企业已经承揽50多个国家和地区的铁路建设项目。中国核电技术也已具有较强的国际竞争力，并输出到英国、土耳其等国家。借助于"一带一路"、京津冀协同发展、长江经济带、自贸区以及东北振兴、珠江—西江经济带等战略的实施，中国经济将充分依托国内市场腹地广的优势，引导国际国内、东中西部地区实现错位发展、互补共赢，加强国际经济技术合作，在更加主动和深入地融合到全球经济中提升中国产业竞争力，中国的产业分工地位和全球影响力将会进一步提高，在此过程中将会形成一些新经济增长点，带动和支撑国民经济增长。

五、绿色转型孕育新经济增长点

改革开放之初，我国经济发展水平较低，产业发展对资源环境的影响有限。20世纪90年代中后期我国产业结构出现重化工业趋势，由于其生产过程需要大量的能源资源投入，对能源环境的影响显著增强。2010年我国高耗能行业能耗总和占工业能耗比重高达78%左右。重化工业产能的快速扩张和对能源的粗放利用，引发资源破坏、部分能源资源对外依存度快速上升等问题，不仅影响到国家产业安全，固化中国在全球产业分工体系中高耗能、低附加值的地位，还会制约我国经济的可持续发展。

虽然这些年来国家大力推动环保技改，但重化工业发展带来的环境破坏仍然是当前我国产业发展中亟须解决的严重问题。过去重化工业主要是影响局部地区环境，现在已发展到直接损害老百姓的身体健康，如雾霾的大范围覆盖。同时，我国还面临应对气候变化的新挑战。

面对日益严峻的资源环境约束，我国将从低成本要素投入、高生态环境代价的发展模式逐步向创新和绿色发展双轮驱动发展模式转变，能源利用将向高效、绿色、安全的方向转型，节能环保产业将实现快速发展，循环经济会进一步推进，产业集群绿色升级进程将加快。根据国家统计局数据，2014年我国核电增长36.1%，并网风电增长25.6%；并网太阳能发电在上年增长3.4倍的基础上，继续保持67%的高增长。在国家政策的支持下，今后绿色、智慧技术将加速扩散和应用，智能交通、智能建筑、智能电网、电动汽车等绿色产业将加快发展，绿色导向的商业模式创新将加快形成，推动绿色制造和绿色服务业兴起，带来绿色增长新机遇。

后　记

回答"中国经济为什么行",是经济学家的任务,也是经济理论宣传的责任义务。人民日报经济理论宣传围绕这个重大课题,发表了一系列重要文章。特别是2015年1月30日、3月10日、3月22日、4月1日推出4个整版文章,约请国内知名专家学者深入探究中国经济奇迹的奥秘和未来走向。同时,围绕当前经济形势特别是经济发展新常态,组织了一批权威专家学者对之进行解读、阐释。

这些文章发表后引起了很大的社会反响。为了更好地满足读者需求,我们请这些作者对文章进行了充实,由人民出版社结集出版。充实后的文章内容更丰富、论证更充分,汇编在一起,有助于人们更全面深入地了解中国经济是怎样发展起来的、面临怎样的现实机遇和挑战、未来的发展方向在哪里、前景如何。

本书的出版,经济·社会编辑室的马宏伟、于春晖、张怡恬、吴撼地等同志做了大量具体工作,特别是得到了专家学者们的大力支持,得到了人民出版社郑海燕、陈登同志的大力协助,在此深表感谢!并请读者提出宝贵意见,以便不断丰富完善。

人民日报社理论部

2015年4月